KU BEGINNING

空《くう》の扉を開く 聖なる鍵

忘れられたゼロ意識とは

Mana

青春出版社

覚えていますか？

虚空から分裂した、あの瞬間のことを。

私たちが、空（ゼロ意識）だったときのことを。

私たちが、肉体に入ってしまったときのことを。

そして、何回も生まれ変わるうちに、その光を閉ざしてしまったことを。

プロローグ

私たちはもともとは、苦しみも、悲しみも、不安もまったく持っていない、つまりゼロの意識で生きていました。ゼロの意識下では、あるのは愛と喜びだけで全身全霊がバランスよく統合され、機能していました。

ところが、何回も生まれ変わっているうちに、いつの頃からか、そのゼロ意識から遠ざかってしまい、心にも身体にも不調和が起こり始めました。そして、苦しくてつらい意識のまま、それを自分そのものだと信じて生きるようになってしまいました。人間が宇宙や神から分断され、私たちは少しずつ、そのもともとの存在としての本質を忘却していってしまったのです。

私もその一人でした。

エンパス（共感覚）能力を持っていた私は、幼い頃からずっと違和感を覚えて生きてきました。エンパス能力とは何かと言いますと、他の人がどんなに抑え込んで隠している感情でも、たとえご本人さえ気付いていない感情でも、敏感にキャッチしてしまう能力のことです。

表に出ない隠れた感情をキャッチすることは、相手の本心を思いやることができる素晴らしい感受性なのですが、あまりにも敏感であるために、他人の思いや欲求をまるで自分のもののように取り込んでしまい、それに支配されていくのです。

共感したすべてが自分の本心のように錯覚してしまい、そこに一体化し、どんどん混乱して苦しくなっていくのです。そして、自分の純粋な意志が全く分からなくなっていきます。

学校時代は親の望むような子どもになろうと自分を偽り、社会に出てからも、常にお金のことや名誉のことばかり考えていました……。

生きている意味なんてあるのか、どうしてこんな目にあわなくてはいけないのか、人生にはいいことばかりじゃなく、苦しいこと、つらいこと、逃げだしたいこともいっぱいで、頭はいつだって生に関する不信をぬぐえないし、恐れの思考は常に湧いていて、世間の言いなりになってしまいそうな時もありました。自分とは何なのか……自分のことすら見失い、真っ暗な闇の中で生きていたのです。

そんなある時、私は天に向かって「真実を知るためなら、なんだってするから」と懇願したのです。最大のいのちの明け渡しを決めた瞬間でした。見えない何かが私を真実探求へと駆り立てます。私の中の真の中心のようなものに突き動かされていたようでした。

とはいえ、そうそう簡単には納得のいく真実には出会えず、膨大な金額や時間をかけながら、悶々《もんもん》とする日々でした。それでも、本気で決めたからこそ、諦めの気持ちは起きませんでした。

そんなある日、「すべての現象を創り出しているゼロポイントというものがあってね、これが自分のものになると、私たちは現実の創造主になれるの」と教えてくれる方に出会ったのです。私は現実の創造主になりたくて、それを学ぶことにしました。今にして思えば、その動機はかなり自己中心的なもので、個人的な私が自分の好き勝手に現実を創っていけるのだと、大きく勘違いしていたわけですが、真実を知りたいという熱意は誰にも負けませんでした。

とは言うものの、最初のうちは自我をくっつけたままですから、口を開けば不満と恨みしか出ないような出来事も多かったことは事実です。

人生の苦しみのたいていはどこから来ているかご存知ですか？

それは自我（エゴ）を自分自身だと思い込むことによってです。自分などではないのに、自分だと思い込むことで、その自我特有のお決まりパターン（思考と感情の反応パターン）に支配されてしまったからです。

宇宙のあらゆるすべては、創造の源である虚空（ゼロポイント・フィールド）からの光によって創造されています。私たちも、です。光そのものには、傷などないはずなのに、私たちはなぜ、傷ついたりしてしまうのでしょうか。

あなたも、もしかしたら、傷ついてきたのではありませんか？

日々、一生懸命生きていても、なにか苦しい。なぜか、うまくいかない。

たくさんの講演を聞き、たくさんの知識を集めまくり、たくさんの本を読みあさったけれど、自分が本物（本質）を何ひとつ得ていないと分かった時、そこからが真の学びの始まりです。

私たちが愛と喜びのエネルギー存在で生きていた頃を思い出してみませんか？

忘れてしまったゼロ意識（空の意識）を取り戻してみませんか？

今のあなたが悩んでいること、それは私も悩んできました。今のあなたが苦しいなら、それも私は経験してきました。だからこそ、それらは超越できるのだとお伝えしたいのです。

――ゼロ意識、それは「空《くう》」。

私たちの霊的本質であり、私たちの内なる中心。

そして、自分の真の欲求（＝意志）を思い出させてくれるもの――

この本を手にしたあなたは、今まさに、「空」の扉の前にいます。この扉をそっと開けてみませんか？

空《くう》の扉を開く　聖なる鍵

目次

第２章

自我という偽の自分

第3章

「比べる・評価する・所有する」から脱け出す　71

第4章

今ここに生きること、真の願いを叶えること　99

第5章

思考を手放し、感情を浄化せよ 133

第6章

空間（スペース）について　169

第7章

人間として。意識として　197

第8章

空《くう》の扉を開く　235

カバー画像　Aepsilon ／ shutterstock.com
Polyudova Yulia ／ shutterstock.com
art- ／ shutterstock.com

本文デザイン　岡崎理恵

第1章

あなたは誰か？ あなたは何か？

それは「あなた」ですか？

ひとつ、質問をさせていただきます。

あなたとは何者でしょうか？

「あなたとは何か」、そう尋ねられたら、おそらくこんなふうに答えるのではないでしょうか。

「私の名前は◯◯です、こういう両親のもとに生まれて、現在×歳。私の職業は△△で、出身はどこそこで、趣味はこれこれ、学歴はこうで、持病は……」

また、たとえば、「血液型はA型なので几帳面です。星座はロマンチストな乙女座、じつは私の下の名前は23画で運がいいらしいんです。性格はよく言えばおおらか、悪く言えばズボラです」など。

でも、それは本当に「あなた」でしょうか？

多くの人が、今まで生きてきた人生の内容や中身によって、あるいは国籍や性別、年齢、職業などのレッテルによって、もしくは星座や血液型、姓名判断によって、自分が何者であるかを決めつけていきます。自分が考えたこと（思考）、感想や感情、味わったこと、経験したこと、行動したこと、所有しているもの、そういうものが自分の中身だと信じているのです。

本当にそれは「あなた自身」でしょうか？

かつての私がそうであったように、あなたも「自分自身はこういう人間である」と思い込んでいるのではないでしょうか。そして、自分の人生にも、自分自身にも、他者と比較して「欠けているところがたくさんある」と感じながら、できる限りそれを埋めるか、補おうとしておられるかもしれません。

学歴が足りない、スキルが足りない、姿かたちにコンプレックスがある、貯金がほかの人に比べたら少ない、結婚できない、片付けられない……。

だから、もっと成功したい、お金儲けをしたい、ダイエットをして美しくなりたい……。

変化する可能性のあるものや、失う可能性のあるもの、有限的なものが、「あなた」ですか？

あなたという本質的な存在はそんな、不安定な存在なのでしょうか。

いいえ、これらはどれも、真の自分ではありません。あなたの純粋な本質ではないのです。

じつは、**あなた自身が何者であるかを直接知ることと、あなた自身に「関すること」を知ることは全く違うのです。**　あなたが今まで自分に「関して」知った情報（占いや心理学や、精神分析などを通して知ったことなど）のすべては、みな過去の出来事かあなたに「関する」ことでしかなく、あなた「そのもの」ではないからです。

そうなのです！　人生の出来事のほとんどは、自分に「関する」ことでしかなく、あなた自身ではないのです。それなのに、出来事に振り回されていきます。それは、出来事に「良い」「悪い」という区分をするために、感情的に振り回されるのです。

たとえば、「高い学歴があることが良いことで、学歴が低いのは悪いこと」「お金がいっぱいあることが良いことで、お金がないのは悪いこと」というように、区分することを世間から教わり、つい、何が良くて、何が悪いのかと考えるようになってしまうのです。

もしあなたが、自分に「関する」物事を通じてのみ、自分や自分の人生を知り尽くしたと信じ込んでいる場合、人やモノやコトなどすべてを「良い」「悪い」で決めつけていくようになります。出来事を区分してしまうと、それだけであなたの愛のエネルギーも区分され、いのちがパワーダウンします。

魂としての自分

では、魂が真のあなたでしょうか？

それも少し違うのです。いま、スピリチュアル的にも意識の高い人たちが増えてきたせいで、肉体や魂というものに対する認識も以前に比べて、だいぶ変わってきたようです。肉体よりも魂の方が崇高なもので、根源的なものと思われているかもしれません。

ところが魂は、じつは経験を記録しているレコーダーのようなものです。今の自分、そして今の自分に生まれる前の過去の自分、何世にもわたって、あなたの経験を記録しているもの、それが魂なのです。

つまり、魂も、あなたに「関する」ものではあっても、これまた真のあなたとは言い難《がた》いのです。なんということでしょう。あなたは、あなたに「関すること」の寄せ集めのようです。

じつは、**あなた自身だと思っていたあなたは、あなたに「関すること」をたくさんかき集めてきたことで、偽のあなた（＝自我）が立ち上がっているだけなのです**。つまり、自我という鎧《よろい》をまとった偽のあなたをずっと自分だと信じて生きてきたわけです。

では、他に一体何があるというのでしょうか？

自分に「関する」物事の存在を可能にしているもの、それは「意識」という内なる空間です。

わかりやすい例でお話しします。

もしあなたが過去の記憶をすべて失ったとしても、あなたはここに存在していますよね。過去の記憶がないあなたは、あなたではないのでしょうか？　いいえ、やはり「あなた」ですよね。

あなたが過去の記憶を失ったとしても、パスポートをなくして入国審査官の前で自分を証明するもの（本籍地や身分など）がなくても、もう「私は○○です」と言葉では答えられなくなっても、どんな状況になっても、あなたは在るわけです。そこにあるのは、「自分は在る」というシンプルな気付きだけです。

同じように、あなたの表面にかき集めた「関すること」が消えていくほどに、あなたの鎧がはずれていくほどに、ただの存在としての自分が感じられるはずです。この存在こそが純粋な意識です。純粋な意識には形態がなく、無形です。カタチがないので、国籍や学歴などのレッテルの貼りようもありません。感情や思考、肉体すらもありません。

この**純粋な意識が「真のあなた」であり、虚空でもある「空」という意識存在**なのですが、過去のあなたには、この純粋な意識だけで居続けることは不可能でした。子どもの頃から、自分に「関すること」を集めて、自我を肥大させていく競争ゲームに送り込まれてきたからです。

そして、あなたはだんだんと本来の自分を忘れてしまったのです。

「空」としての自分

あなたが何もない空間にひとりでいることを想像してみてください。
人間も動物も、植物も海も空もない、あなたの足元に地面すら存在しないところにいるとしたら……。はればれとした気持ちでいられるでしょうか。いいえ、きっと怖くてたまらないはずです。

無の空間とは、ゆとりのある余裕のある無限大の空間というよりも、「何もなくて怖い」空間のように感じるはずです。なぜだと思いますか？

英語で部屋のことをルームと言いますが、それは「空っぽ」、空間を意味しているのだそうです。部屋とは、壁や天井や窓でもなく、ましてや家具でもなく、つまりカタチのあるものではなく、空間のことだったのです。

今まで、生まれてこの方、「自分に関すること」ばかり、要は周辺部分を集めて、自分（と思われる自我）を作り上げてきた人にとって、「自分に関すること」を失うのは、すべてのよりどころを失うようで怖いですよね。

部屋を自分とすると、家具は自我です。家具が何もない部屋をスペースがある空間と見るか、何もなくて虚しい空間と見るか、は人それぞれでしょう。しかし、自我という家具と一体化して生きてきた人にとっては、無の空間は、すべての自我を手放すようで、すべてを失うようで、自分が完全に消滅してなくなるようで怖いのです。何でもいいから限定された者、限界がある一定の者になっていたいと思うのです。壁や天井が欲しいのです。身を包む、身を守る鎧が欲しいのです。そうではありませんか？

空っぽとは、本来、ゆとりがあるという意味です。スペースがあるということです。部屋と同じく、あなたという存在もまさに無の空間であれば、ゆとりに満ちているのです。どれほどあなたが、あなたに「関すること」という自我の鎧を肥大化させようとしても、鎧は単なる外側でしかなく、生きているわけではないので、永遠無限には存在できず、ある程度までしか進化できません。そのすべては必ず壊れるのです。

ですから、**「関すること」の寄せ集め（自我）はあなたではなく、もっと永遠無限に存在するもの、それが真のあなただと気付くことが悟りであり、覚醒なのです。**

人生の出来事、あらゆる物事の奥には、より高い全体としての高次元の秩序と目的が隠れています。風にのって飛んでゆくタンポポの綿毛も、舞い落ちる雪のひとひら、ひとひらも、落ちるべきところに落ちています。あなたの人生に起きること、出会う人、いる環境……それらにも、目的をはらんだ全体を調和させている秩序があります。誰にでも起こるべき出来事があり、出会うべき人がいるのは、その人自身の霊的な進化という全体を調和させるための目的があるからです。

普遍的な無限の叡智から生じている、この秩序を司っているものを「宇宙」と言う人もいれば、「天」と言う人もいれば、「虚空」と言う人もいます。その「虚空」と連結した意識が私たちの「真の自分」ですので、気付く人は気付きますし、垣間見る人も増えています。

そして、あなたがこの「空」の意識をもっと覚醒させることによって、より高次の展開が自分の人生の中へ流れ込んでくる奇跡を、必ず観ることができるのです。これは本当にお約束できます！

その体は、自分ですか？

あなたのその肉体は、本当にあなたでしょうか？

ほとんどの人が、「肉体＝自分」と思い込んでいます。それもそのはずです。この世に生まれて、そして死んでいく、という一般的な人生のなかで、誰もが肉体として生き、肉体として死んでいくという経験をしているからです。その人生プログラムは素晴らしい体験でもあるので、自分は体だと認識してしまうのです。

前世ではどうだったのでしょうか。

同じです。私たちはいつも肉体と共に生きて、死んできました。今のあなたがそうであるように、過去のあなたも同じように何世にもわたって、それを繰り返してきたのです。ですから、**自分が肉体である状態しか体験したことがない**わけです。

でも、「魂」は生まれ変わりを繰り返しているのだから、自分が肉体だけの存在ではないと認識している、という方もいらっしゃるでしょう。それは、感覚として、自分の中心にある意識存在を本当に会得して、のことでしょうか？　単に本で読んだ、誰かに聞いた、教わった、というレベルのことではありませんか？　それでは、噂話の域を出ていません。単なる情報の一つにしか過ぎないのです。

肉体がある時は、感情や思考も存在しますから、それらと一体化して生きていきます。

つまり、肉体と感情と思考を丸めて団子にしたようなカタチの状態を自分として認識するということです。

肉体と共にある時だけ、色々な自分を知る。肉体がない時の記憶はない。

そんなことをずっと繰り返してきたので、自分と肉体が別物だという真理を忘れてしまったのです。さらに言いますと、「感情も思考も、真の自分とは別物」だという究極の真理を忘れてしまったのです。

では、どうしたら、この呪縛から逃れることができるのでしょうか？

簡単です。「自分を体としてしか経験していない」「体がない状態というものがわからない」「この体が自分だと信じている」ということを、素直に受け容れてしまえばいいのです。

まず、マイナスの状態を受け容れる。そして、これから、「体・カタチ」を超えたものを経験しようと意識して決めてしまえばいいのです。なぜなら、今まで一度も意識的にやったことがないのですから、それでいいわけです。

真の生命体VS偽の生命体

今、私たちは途方もない変化の時代の真っ只中にいます。

写真や手紙などはデータやメールに変わり、会ったことがない人でもSNS上では友達になれる。目で見えて手で触れていたものだけで成り立っていた時代（正確に言えば、そういう時代でも目に見えないものは存在していたわけですが）から、人工知能（AI）が人間の存在を脅かすような時代へと舵が切られています。

ただ、一つ言えるのは、AIは人工的なものであって、人間によって部品を集められ、機械的に作られたものだということです。つまり、機械的な存在なわけです。

ＡＩがどんなに進化したとしても、結局、どこまでいっても機械的で人工的なもので、いつか必ず時間とともに崩壊する運命にあります。つまり死ぬ、ということです。

この機械的な存在は、偽の生命体といえます。

人間は、機械的で人工的なものでしょうか？　確かに人間も人間同士によって作られるものであるように思えますが、私たちは人間によって人工的に作られたわけではありません。

まず、受精の瞬間に「光」と共に誕生するのです（実際に受精の瞬間には光るのだそうです）。光と共に誕生した、この中心をゼロポイントとして、私たちの今回の人生の旅が始まるわけです。命の光が通う有機的なあなたを創ることができるのが、虚空のゼロポイントです。あなたの全身全霊はそこからやってきたのです。

ところが、光として始まったにもかかわらず、だんだんとその周辺にさまざまなものを集めていってしまうのが人間です。先ほどの「あなたに関するもの」（自我）がそれです。名前であったり、立場であったり、お金であったり……何もない状態で受精の瞬間、光であったはずのあなたは、まるでロボットという機械を作っていくかのように部品を集め始めてしまいました。

その光を封じ込めるように、表に出ないように、自我という鎧であなたの奥深くに閉じ込めてしまいます。自我は、部品を集めて作られた機械的な存在と同じです。

私たちは、完全に光であったことを忘れてしまったのです。自我を自分だと思い込み、自我と一体化することによって、有機的な本質的な存在だった私たちは機械的な存在へと変わってしまったのです。つまり、偽の生命体になってしまったというわけです。

そして、光であった真の中心を忘れてしまった私たちは、いつか時間とともに死ぬ運命を当たり前のように受け容れるようになってしまいました。

生と死が同時に起きる？

死というと、恐怖や不安が先に立ってしまいがちです。生まれてこの方、死をまったく怖いと思ったことがない、という人はいるでしょうか？

この世に誕生してから、平面的な時間軸だけで「人生○十年」と考えると、生は誕生の瞬間であり、死は生のゴールであると思ってしまいます。というか、大抵の人がそう思い込みます。死というのは、肉体の最期の瞬間に起こるものだと、学びながら生きていくからです。

生まれてから死ぬまでは直線的な道のりで、それが一般的には人生と呼ばれるものです。生まれた瞬間が１００パーセントのエネルギーで、それから死ぬまでの間、そのエネルギーを少しずつ使って減らしていくようなイメージなのではないでしょうか。そういえば、女性の卵子は、胎児の時にいちばん多く持っていて、そこから減る一方なのだと聞きました。誕生の瞬間ですら、すでにもう「減りはじめている」状態なのだそうです。そういうことからも、人生はエネルギーを減らして生きていくものだと思ってしまいそうです。

私たちは、親から人生を学び、教師から勉強を学び、社会からさまざまなものを教えられますが、もっとも大事と思われる、生と死の普遍的な真実を誰にも教えてもらえません。

いわゆる「死」とは、肉体の死のことです。肉体という時間とともに衰える制限付きの物理的な存在がこの世から消滅する、それだけです。「あなたに関するもの」のひとつである肉体がなくなるという死です。これは表面的な死です。

ところが、**生は決して時間という直線的な道のりではなく、誕生の瞬間から（正確には受精の瞬間から）、生と死が同時に起こっているわけです。**

有機的な存在である私たちにあるのは、じつは「生」だけです。成長し、発展し、変化する、という「生」だけが起こっているのです。死と呼ぶのは「生」の動きが反転している時、です。

私たちは受精の瞬間にゼロポイントにいると申しましたが、ゼロポイント（ゼロ点とも言う）とは「開始点」でもあり、「最終点」でもあります。ゼロ点には、あらゆるすべてが包括されていますから、生が始まるところでもあり、死が終わる（完了する）ところでもあるわけです。

ですから、死が完全に終わった時、反転して、生が始まるのです。このすべてを持ち合わせた

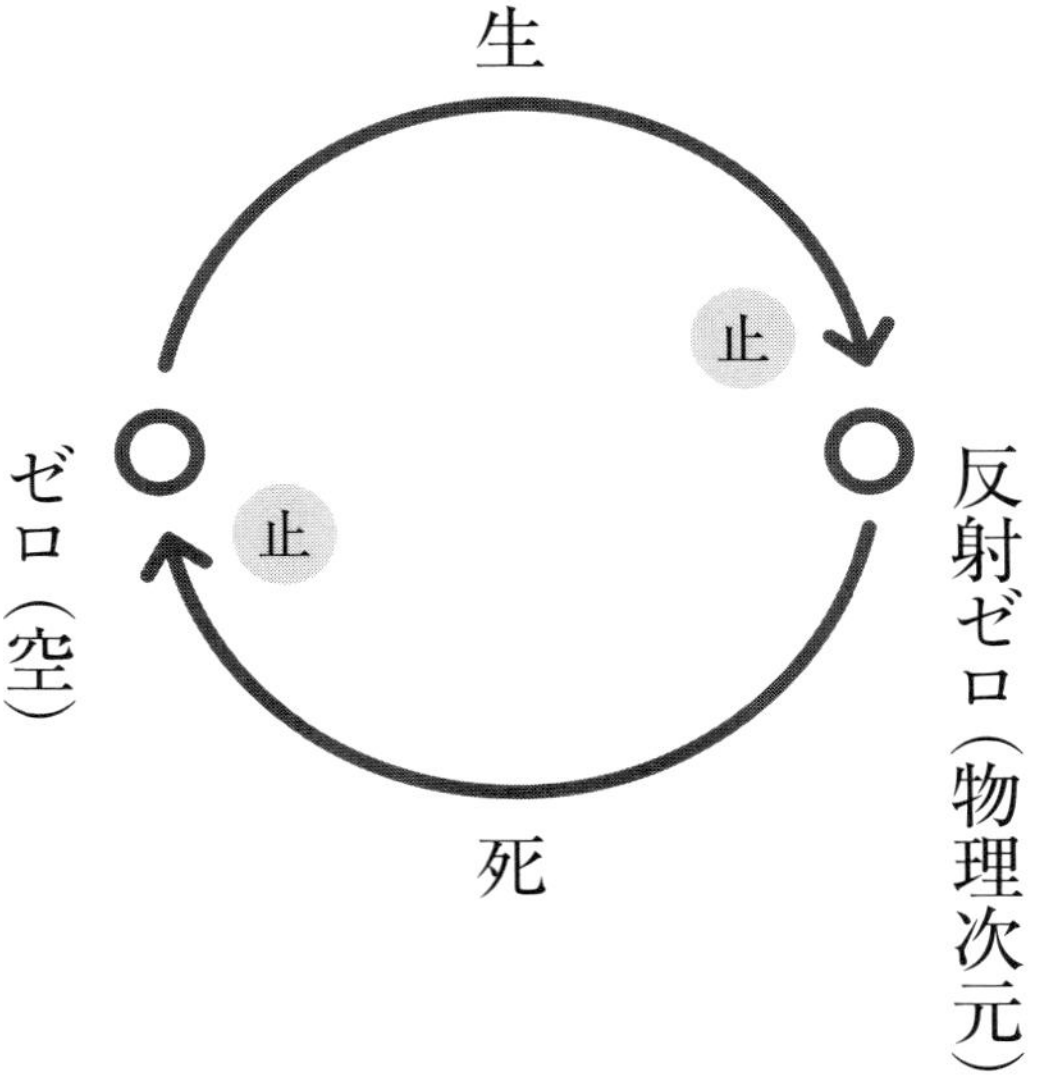

ゼロポイントは「虚空」への扉でもあるわけです。

先ほど表面的な死のお話をしましたが、では完全なる死とはなんだと思われますか。それは、すべてを手放して空っぽの自分になる、ということです。あなたが自分自身と思って、一体化させてしまった自我（それは思考や感情なども含みますが）の意識を、ゼロ意識へと戻すこと。これが「真の死」です。それは恐ろしいものではなく、あらゆる過去からあなたの意識を抜いて、無になる、空っぽになる＝「空になる」ということです。過去にも未来にも縛られない、ただ「今」という瞬間だけを生ききるということ。今という一瞬は完全なるゼロだからです。ゼロポイントで生きる時、あらゆる制限から自由になれる、ということなのです。

「真の死」という最終点を得たら、もうそれ以上はどうやっても死ねないということです。

つまり、ふたたびの開始点でもあるからです。

今という一瞬を純粋に生ききった者だけが、新しく進化して生きられるのです。あなたの意識が「今」という一瞬にしかなく、日々の一瞬一瞬を、愛と喜びだけで生ききっている時、常にあなたは新生しているということになります。ですから、私たちがイメージ的に信じ込まされてきたような「不気味な死」など、どこにもなかったのです。「真の死」とは、つまり、「真の生」でもあるわけです。

人は死んだらどうなるか

では、「真の生」とはなんでしょうか?

もし、あなたが「あなたは生きていますか?」「本当の自分、真の自分として生きているでしょうか?」と正面からまっすぐに問われたら、いかがでしょうか。

「はい、生きています!」となんの迷いもなく答えられる人は決して多くはないはずです。

なぜ、肉体的にはこの世に存在して、生きているはずなのに、「生きています!」と、心の底から答えられないのでしょう。

あなたの内側が「本当に生きていない」という確信を得ているからではありませんか。単に食べて、寝て仕事をして、娯楽にひたる……そんなただ単調な日々を繰り返すだけで、無意識に100年にも満たない人生を終えていくことが、真の生ではないと知っているからなのではないでしょうか。肉体としては誕生したのに、霊的な本質、真の自分としての誕生をしていないからではないでしょうか。

「死後の生はあるのですか？」「死後はどうなるのですか？」という質問を、私もどれほどの人に聞かれたことかわかりません。

まず、前にも書きましたが、「死の働き」というものが、人生の最後に待っているものではないということ。すなわち死は、今この瞬間に生の裏側で同時に起こっていることなのです。

そして、「死後はどうなるのですか？」にお答えする前に、思い出していただきたいのが、先ほどの肉体を持っている時の「生」の真実のことです。もし、あなたが、肉体として生きているだけの表面的な部分を「生」だと思い込んでいるなら、とんでもない間違いです。

肉体的に「死んだ後」の生を問う前に、肉体的に「誕生した後」の生はどうなるのですか？と問うべきなのです。

私たちは、肉体があるうちに、気付きを得なくてはいけません。肉体として誕生した後に、もういちど、真の自分として誕生すべきなのです。その時に、本当の意味での生を得ることになるのです。ただ誕生しただけでは、本当に生きていることにはなりません。生きている、のではなく肉体が存在しているだけ、なのです。「生きる」とは、「生」とは、ただ生きながらえることではなく、生きていのちを輝かせて、生命を光の存在としてめぐらせることです。

私たちは「真の死」を知らなかったように、「真の生」も知らずに生きています。「真の生」を知った時、その気付きを得た時、私たちは、永遠不滅のゼロ意識として生まれ直せます。これが二度目の誕生です。

お気付きになりましたか？　死後のことを心配するより先に問うべきことは、生後のことなのです。実際の死は、今この瞬間に、生の裏で起こっていることだからです。

自然な進化発展の終焉

今のままでいて、人間はより進化発展していくものだと思いますか？　この何千年もの間、人間自体は何も変わらず、ただ同じようなことを繰り返してきました。海から陸に上がり、そして二本足で立つまでに自然は人間を進化させましたが、これから先は、さらなる進化のためには人間自体が、変わることを決意していかねばならないのです。

もう待っていても、誰も変えてはくれません。

スピリチュアルな領域がより身近になってきたのも、そういう背景があってのことではないかと思います。このままでは何ひとつ起こらない、と気付きつつあるのでしょう。

さて、私も多くのセミナーや講座、またセッションなどをやっていて感じることで、どうしてもお伝えしたいことがあります。それは、スピリチュアルとは何か、ということです。

「引き寄せの法則を読んでも、まったく引き寄せられません」「どんなに精神世界のことを学んでも、いまだ幸せになっていません」「あの先生はこう言っていたけれど、こっちの先生はこう言う。いったいどちらが本当なのですか？」「スピリチュアルの人は、みんな同じようなことを言うから、その話はもう知っています」……等々。

こういう声は、私だけでなく、世の中のスピリチュアルの世界で生きている人によくぶつけられる質問です。

はっきり言ってしまえば、スピリチュアルとは、自分の足で立ち、自分の存在の生きかたに責任を持ち、自己の本質を探究し、見つめ直していくことです。決して、知識や情報を集めることではありません。ましてや、あれやこれや分析したりすることではありません。きわめて真正かつ神聖な探求であり、生死に関する問いかけでもあります。究極のゼロポイントには、善悪も正誤もありませんから、スピリチュアルの世界に足を踏み入れてしまった人が、同じようなことを言うのも一理あります。究極の真理はひとつだからです。全体の秩序は、ひとつの意識のもとにあるからです。

情報を集めることは、知識につながり、知識が頭で考える執着へとつながり、足かせにもなります。本を読むのもセミナーに行くのもいいでしょう。誰かとスピリチュアルについて語るのも楽しいことだと思います。しかし、最も大事なことは実地の体験なのです。

スピリチュアルとは決して知識ではありません。実際に生きること、です。どんなに知識をかき集めても、虚空にある究極の真髄は理解できず、そこにはたどりつけません。自分ひとりで挑戦し体験していくしかない、人生におけるチャレンジングな冒険です。ただし、それは、つらく苦しいものでは決してないのです。

天地が創造される前から、私たちは存在していました

さて、そろそろ意識存在としての「私たち」について少しお話ししたいと思います。

太陽や地球や生命が誕生する前から、時間や次元が誕生する前から、天地が創造される前、音や波動が起こる前から、私たちは存在していました。

この存在こそが、いわゆる宇宙とか天とか神とも呼ばれる、全体としての秩序を司っている、虚空という「ひとつの意識」なのです。そして、この虚空という意識からすべてが創造されたのです。私たちの全身全霊も、この虚空の意図に添って創られたわけです。

この意識は常に「今」という瞬間だけに在り、「今」という一点から、時間の流れや空間を放出していくようになったのです。

「ひとつの意識」だったものが、「意識そのもの」と「対象」に分かれた瞬間でした。それは、「意識そのもの」が、その内側から飛び出すすべての「対象」を見たいと欲求したからなのです。これが虚空という「ひとつの意識」の原初の意図でした。

この分かれた二点は、たとえば、「あなたそのもの」と、「太っている自分」。この場合、あなたそのものは見る側の意識であって、「太っている自分」は対象物です。太っている自分は、単に観る側からすると対象であって、「自分そのもの」ではありません。つまり、「あなたそのもの」はゼロポイントで、「太っている自分」は反射ポイントです。

よくスピリチュアルな世界では「今・ここ」という表現をしますが、「今」とは虚空のゼロポイントのことで、「ここ」とは物理次元の反射ポイントのことです。ゼロポイントと反射ポイントは、この2点がプラグとコンセントのようにつながっていることで無限の働きをすることができます。

今の地球に生まれた意味

「今」というゼロポイントにまで、私たちの意識を戻してほしいと思います。すべてが創造され、変化や進化がつくられた、全体としての「ひとつの意識」にまで！

よく聞くアセンションとは、意識の覚醒であり、この究極のさかのぼりでもあるわけです。もうこれ以上は戻れないところまで戻ること。自分の過去も、家族や祖先の歴史も、過去世も、すべての記憶を超えたところまでさかのぼることを、アセンションと言っているわけです。

今まで、つらい人生を歩んできましたか？　悩み多く、不安や恐れとともに生きてきたのではないでしょうか？　また、そうでなくても、頑張ってきたのではないでしょうか？

ほしいものを手に入れるため。生きていくため。食べるため。夢を叶えるため。自分のために頑張ってきた人も、家族や誰かのために頑張ってきた人もいるでしょう。

その頑張りの中には、たくさんの学びもあったでしょう。得がたい経験もしてきたことと思います。でも、頑張ることを当たり前と捉える前に、ちょっと考えてみてください。

つらくても頑張る、ってどこか不自然ではありませんか？

逆に、何も欲しくない。お金にもカタチとしての成功にも興味がない。というような人もいます。仙人や聖人だけだと思われがちですが、じつはけっこうたくさんいます。そういう人たちが何が違うかと言いますと、「簡単に欲しいモノが手に入る」こと自体が、本質的な喜びではないと知っているのです。


私たちの内なる自分は、じつは知っています。

その気になれば、何でも手に入る、ということを。

真に目覚めた人は、いくらでも有名になれるし、いくらでも成功するし、裕福にもなれるのです。でも、それが優先的な必須項目ではない、ということも知っているのです。


私たちがなぜ、この地球に来たのか考えてみましょう。

私たちは、自分自身を知る霊的な旅をするために、やってきました。

真の自分、真の生をこの手にするために、生まれてきたのです。

何かを所有するため、個人的な成功をするため、地位や立場を手に入れるため、賞賛を得るためでもありません。誰かよりお金持ちになる、とか、誰かより偉くなる、とかでもありません。

あなたは唯一の存在であり、それは他人も同じです。すべての人が唯一無二で、それぞれの役目を持って、虚空の意図のもと、この地球にやってきたわけです。

私たち全員と、私たちを取り巻くすべての存在が、愛に満ちて生きられる自由な世界を作りだすためにやってきたと知ってください。つらく頑張るためにこの地球にやってきたのではなく、喜びあふれる体験をし、生き生きと、中心から輝くような真の自分で生きるために。そしてそれが霊的な進化にもつながるのです。

自己否定と自己肯定の間

私たちは、自分の中心に、すべての発展のために誠を尽くすという欲求を持っています。簡単に言いますと利他行動の拡大と、無私の奉仕精神といえます。人が生きる上での根幹をなすものです。すべての人が本来持っているのですが、ところが、ほとんどの方がそれを眠らせたままであり、そのようには生きておられません。天道を歩んでいないのです。

私たちの意識の本質は、個人を超えたところにあるのですが、そのことは色々な道のプロの方々はよくご存知です。個人的な感情を超えたところ、つまり天地とつながるようなところをハンマー投げの室伏広治氏は「ゾーンに入る」という言い方をされています。人が進化成長するには、その都度の自分の能力を全開にすることが必要で、そのためには中立なゾーンに入るしかありません。個人的感情にブレるようでは能力全開にはならないのです。そして、人は全力を出しきれなかった時に、最も後悔し、最も人生がつらくなり、自分を責めたり、憂さ晴らしをするようになるのです。

ビジネス面でも全力を出し切って真の奉仕をなす人は、皆、この境地をふまえて活躍しておられます。稲盛和夫氏（京セラ）も、そのお一人で、自己を献身（みささげ）するような愛の意識でなければ何も成し得ないことを何かの記事でおっしゃっていました。会社という組織に愛の意識を吹き込むことによって、その組織はイキイキとよみがえっていくと述べておられます。

プロの麻雀師であった桜井章一氏が以前雑誌で、ゾーンのことを「空の境地」と表現しておられました。大きく感情に揺れる人は、それとは反対の感情にも大きくブレるのですが、桜井氏は自己否定でもなければ自己肯定でもない、そんな「第三の場」に自分の意識を置くようにしてきたそうです。希望と絶望、自信と不信、恐れと安心といったような、「相反する感情の間」に自分を置くのです。

感情をタテ軸・ヨコ軸のある座標空間で表すとすれば、プラスでもマイナスでもない「ゼロ」になる場がありますが、このゼロという場（ゼロポイント）は、もはや感情が支配する世界ではなく、純粋に感覚的な領域ということを熟知しておられたのでしょう。彼はそのゼロの地点を「中立な感覚」の世界と呼びました。

ゼロの地点、ニュートラルな感覚には、一切の感情が消えてしまっているようで、同時に、すべての感情がもっと繊細かつパワフルに動いていくような感触があるのです。空っぽでゼロなのに、満タンで充実しているという感覚で、まさに虚空そのものです。中立なゼロの感覚であるゾーンに入った時、個人（自我）であった時には全く考えることができなかったような、常識はずれの喜びのエネルギーが出てくるのです。

ゼロ意識を取り戻す

あなたが誰でもない状態になっているときというのは、虚空と直結しています。

虚空からの本当に新しいエネルギーは、あなたの内なる「ゼロ意識」を通ることでしか、物理次元へ届きません。

ということは、あなたが「誰でもないゼロ意識」の自覚でいることによって、ゼロポイントが活性化され、大きく開かれ、新しい創造エネルギーがあなたの全身へと無事に届くことができます。そうすると、あなたが「クリエイティブな存在」になることが楽に促進されていきます。

思考や感情で成り立っている「過去の反復」という人工的な現実から解放され、今ここにギフトされている高次の繊細な周波数と同調し、生きていることがただただ嬉しいと思えるようになります。ゼロ意識に入ることは、天地が創る「真の生きた現実」を体験するようになるということです。人工的で、支配的で、機械的な、偽の現実から離脱できるのです。

虚空があなたに望んでいるのは、「今、こんなに楽しい」とあなたが感じることですが、そのような真の現実を、あなたはゼロ意識に入ることで体験できるようになっていくのです。

思考や感情を超えた、質の高い愛の周波数がゼロ意識です。そこは、私たちの生命の根っこであり、あらゆる叡智の宝庫です。

あなたが思考と感情で固められた自我から出て、ゼロ意識に入ることとは、マトリックス（意識を「人工的な現実」の中に閉じ込めておくコンピュータプログラム）という刑獄から、あなたの意識の光を解放することになります。先祖や過去世のカルマからも完全解放されます。

解放されたあなたの意識は、宇宙的なゼロ意識に溶け込み、優雅で壮大な知性の動きとなって、あなたの全身を活気づかせます。そして、自然に物理次元での「その都度の役割」を果たすような展開へと導かれていくのです。

あなたがゼロ意識に入って、その自覚をし続けると、迷いや葛藤がなくなり、サクサクと不安なく生きられるようになります。新しい物事へチャレンジする勇気が湧き、思考や感情と一体化していた時には感じられなかったような、深い気付きにも敏感になります。

自分がやるべきことが確信として感じられたり、新しく始めたことがまるで波に乗っているかのようにスムーズに運ばれていきます。なんの引っ掛かりも障害もなく、スイスイと進んでしまうのです。そう、車で走っている時に、まるであなたが来るのを待っていたかのように次々に信号機が青に変わる……そんな感じで物事が動いていきます。多すぎることも少なすぎることもなく、ちょうどぴったり過不足なくモノやコトが準備されていきますから、波に逆らって必死に沖に出ていくような苦労はありません。

あなたは誰の邪魔もせず、誰にも邪魔されずに生きているような感覚になります。自分のために生きているようでいて、すべての存在のために生きているような、そんな満ち足りた至福の感覚の中にいられるようになります。

とにかく、あんなに重くて灰色のようだった現実人生が、素直に素晴らしいものとして実感できるようになるのです。

今まで苦しんできたあなたへ、そして、生きていく意味を見失っていたあなたへ、生きながらもずっと違和感を感じ続けてきたあなたへ、そして、自分をより自分らしく生きていきたいと願うあなたへ、「空」という扉を開ける秘密の鍵をお届けしたいと思います。

第2章

自我という偽の自分

自我システムの由来

今一度、自我というシステムがどう発達していくか、知っておいていただこうと思います。

自我は乳児期には目覚めます。

赤ちゃんは、母親の子宮の中では、虚空の中と同じで、この上なく深い至福に満ちています。そこは母親の空間と調和しており、母親と自分が別な存在であることなど全く知りません。完全に一体化していますから、母親が安定した気持ちでいれば赤ちゃんも安心していますが、母親が不安なら赤ちゃんも不安になります。まさに自他一体の境地なのです。

境界線が全くないということ自体は、最も純粋な至福状態です。ところが、それは必ず失われていく運命にあります。子宮の中では母親が自分自身であったのに、誕生後はすぐに母親と分離してしまいます。母子分離です。

この瞬間から、「自分とは何者か」を自分で思い出すための探求の旅が始まってしまうのです。

発達心理学によると、1歳くらいまでは、自分と他者とが厳密には区別されておらず、親への関心が強く、他の子どもたちなどにはあまり興味がないそうです。成長していくにつれ、他の子どもにも関心を示します。親から離れていくことで、自分という独立した存在を意識するようになる。そして、自分と他人の分化がなされていくのです。どうやら、自分というものがあるらしい、と気付いてしまうというわけです。

自分と他人が分化すると、「所有」を開始します。自分のママ、自分のオモチャ、自分のチョコレート、自分の服……「自分のもの」という概念は、自我の中核構造ともいえるかもしれません。自分のママに誰かが甘えていたりするのは黙って見ていられません。自分のオモチャを誰かが使っているのも取り上げようとします。自分が持っているチョコレートを隣りの子どもにあげることもできません。自分の所有物を守ろうと、執着し、主張し始めてしまうのです。これは競争や闘争の発端ともなる欲です。

所有物で自分のまわりをかためていくにつれ、だんだん、その所有物の真ん中に存在するのが自分だという思考があらわれてきます。所有物は境界線となり、その所有をしている人間が自分だと認識し始めるのです。「私の名前は○○です」「私の学歴は……」という「あなたに関するもの」は、所有しているものでもあるわけです。

所有の存在＝自分、ということに慣れてくると、この境界線の内側が自分であり、外側が自分以外の存在になります。

自他が明確になるにつれ、次第に自と他は分断され、物事はバラバラになり始めます。この状態が大人になっても引き継がれていくのです。

そしてもうひとつ。自我は子どもの発達段階として、人間として存在する上で大切なものとされていますが、自我の発達に伴って、自分を対象として眺める意識も強くなってくるのだそうです。自分を対象として眺める、ということは、観察する側がいるということです。観察する側と対象側という二つの分化が自分の中にも起きる、ということなのです。

そして現代は、よりいっそう子どもにとって厳しい社会になっています。子どもは子どもらしく、たくましく元気に育ってほしい、という時代ではなくなってしまいました。暗くなるまで遊びまわっていた時代は終わってしまいました。子どもの声を騒音と捉える人もいる現代社会の子どもは、「子ども時代」を満喫して成熟した大人になるのではなく、子どもの頃から大人化を求められているのです。大人になることを急かされる時代、それが現代です。

そして、その大人化というのは、決して自然のままではなく、また真の愛から発生したものでもなく、「良い子」でいることを強要されるのです。

社会は、あらゆる手段を使って、本質的な中心から子どもを引き離そうとします。外側の成果を追い求めることによって成功を手に入れるというイメージを抱かせます。そのうち、子どもの中には、偽物の中心が作り出されます。人工的な、偽の中心が。社会や真理を知らない大人がしてきたことは、本質としての自分から遠ざかろうとすることばかりだったのです。その洗脳的な方法によって、私たちは真の中心である、空なる自分に無意識になり、霊的本質である自分、真の自分を忘れ去ってしまったのです。

この生きづらい世の中はどうしてでしょうか？　あなたが苦悩しているのはなぜでしょうか？　葛藤を繰り返している本当の理由はどこにあるのだと思いますか？

それは自然のままにあった、真の中心から分離し、後から付けられてしまった偽の中心で生きようとしているからだったのです。実際のところ、私たちの意識には分割はなく、ひとつだったのです。「無意識」と「醒めた意識」との間には、分割はなかったのです。中心は本当はひとつのはずなのに、二つの中心で生きているから苦しいのです。

偽の中心が欲しがるものは結局、自分の外側にあるものです。自分の内側にあるものではありません。成功もお金も手に入るかもしれないけれど、それらは成熟もしなければ、精錬されてもいきません。どこまでいっても未熟で、有限のものです。

真の中心であれば、成熟し、発展し、無限大の可能性を秘めているのです。

私たちが生きづらいのは、あなたの真の中心（純粋な意識）がどこかに追いやられ、別の中心が作られ、その偽の中心である自我から生きていくようになったからです。世間や大人や社会から教え込まれた偽の価値観に従って、偽の生を生きているからなのです。

自我のプロセス

私たちの自我の肥大化には、いくつかのプロセスがあります。霊的な本質である愛の意識が覚醒していないため、外側の現象に振り回されたり、外側ばかりを追い求めます。そのうち、外側の現象が少しずつ変化していき、自我も自分なりに学びを深めていくのです。いずれにしても、自我の特徴は、どこまでいっても外側に対する「闘争」「敵対」などがベースになっています。

まず、誰もが必ず一度は経験する自我のプロセスの出発点です。外側の現象が、まるで生と死をかけるかのような過酷さの中、必死で生きている自我の状態です。ただ生き延びることだけが精一杯。食うや食わずの状態で、不安と恐怖でいっぱいになりながら、必死に生活しています。住居、食糧、物資、厳しい気候、病気、そういう基本的な問題で頭がいっぱいの自我です。

外側の現象がもう少し進化すると、ある程度、なんとか生きることはできるようになっています。でも、もっと経済的にも物質的にも余裕を持ち、楽になりたいと思っているような自我です。ただ、人並みに一生懸命に頑張って働くけれど、やはり目先の不安で頭がいっぱいであることには変わりがありません。

もっと外側の現象が発展すると、個人的には求めるものをほぼ手に入れて、相当に恵まれているにもかかわらず、さらにもっと多くを手に入れたくなる自我の状態になります。

このような自我を持っている人々の中には、意外にも物質的な「清貧」を唱える人もいるから驚きです。手に入れたいものが物質ではなく、人のエネルギーというような、見えないものへと移っていきます。脚光、賞賛、崇拝、そういう人の心を欲しがるという意味では、巧妙にずるくなっており、「立派な高潔な人物」「崇高な人」「聖なる人」というレッテルを欲しがっていきます。見えない分、自他ともに気付きにくいのです。

ここまでの自我の状態は、外側の世界が「内側の意識」の現れであることを全く知らずにいます。外側の現象ばかりが気になって、内側を見ようということにはまだ意識が向いていません。あなたの自我はどのあたりでしょうか？　自我の経験のプロセスには優劣はなく、全員が公平に必ずすべてのプロセスを味わうようになっています。

さて、ここから先に進む方は、自我の肥大化が完了し、内側の意識が向き、自我を超えた「真の意識」が覚醒しています。この状態になっているのは、まだほんのわずかな人たちだけですが、経済的な不足感や物質的な不足感からは完全に解放されており、人気と崇拝を欲しがるような不足感からも解放されています。

全体を考えるような霊的な内面の向上、深い叡智につながった意識、万物一体愛の経験しか興味がありません。人生は霊的な全一愛の道を歩む旅だと知っているのです。そのような天の意識（天意）で人生を生きています。生きることや、何かをなすことの動機がまったく変化しているのです。

自分がアレやコレをしているという思考が消え去ってしまい、実践する個人という感覚が消え去って、創造の源である虚空の意識（愛の意志）だけが自然に起こってくる状態です。

「幸せな人生を送りたい」と、ほとんどの人間が望んでいます。でも問題点は、何をもって幸せな人生だと信じているのかということです。まず、ゆりかごから墓場までが「人生の時間」、直線的な人生の道のりだと思い込んでいるなら、今の物理的な世界（今の地球）がおちいっている苦しみの元凶から離脱することはできません。

制限された短い時間の中では、焦りしか生まれないのです。「私たちは不死である」という事実が腑に落ちるようにならない限り、全力を出し切って心底から満ち足りるような幸せな人生を送ることはできません（不死に関しては、拙著『光・無限のいのちを生きる』を参照）。

私たちの意識といのちは本来永遠不滅であったはずなのに、自分たちで制限された時間の概念の中に閉じ込めてしまいました。その限られた時間の中で、欲望を満たすことが幸せの鍵と思っていること自体が間違っていたと、そろそろ気付かなくてはなりません。外側から何かを得る願望成就が幸せだと思っている限り、人生の苦しみから逃れることはできないでしょう。

もっともっとたくさんのお金、素敵な恋人、誰もがうらやむような結婚相手、もっと大きな豪邸、美貌や若さ……どんな状況や物質をかき集めて所有しても、決して幸せな人生は得られないと、どこかで分かってはいるものの、それでも病気のようにやめられない。その「やめられない」と思っているのが、自我というメカニズムでしかないことに気が付きません。

もし、あなたが、自我というものが条件づけされたメカニズムでしかなく、世間や他者からプログラムされたメカニズムでしかないと分かったなら、激しい欲求が湧いても、ただそっと見送るだけにしてください。

「幸せな何か」というものが、内面的にもっと豊かになること、もっと愛にあふれること、内面的な真の自分を輝かせて存在すること、そして「生」が永遠不滅で、終わることのない進化創造のプロセスだと気付くなら、あなたの幸せな人生はもう手中にあるのです。

自我が守ろうとしているもの

過去に、セミナーやカウンセリングの中で、時々こういうご質問がありました。

「私たちが真の自分として覚醒するために、自我がそれほどジャマであるなら、一体、なぜ自我を作ってきたのでしょう？　なぜ自我など存在させたのでしょう？」と。

私も、同じ疑問を持ったことがあります。内なる神（虚空）に問いかけてみて、すっかり問いかけしたことを忘れたころに、ある日、明確な答えが来ました。


幼少の頃は、自我が絶対に必要です。子どもに自我がなければ、完全に無防備となり、現実の人間社会にどう対応していいのか分からなくなります。幼少期の子どもは、非常にソフトで、もろくて弱いため、真の自分が覚醒する前に、社会に対応しきれず、やられて死んでしまうかもしれないのです。これを自我が助けてくれるのです。

自我は子どもを守るために存在するのです。

子どもは、その本質的なゼロ意識を自我の発達と共に失っていくように思えますが、じつは、忘れてしまうだけで消失してしまうわけではありません。

子どもの中に種子として内包されつづけ、いつの日か自ら目を覚ますまで、じっとしているだけなのです。

そのゼロ意識は、とてつもない未知の可能性のことであり、全体愛という潜在能力でもあります。すべてはひとつ、すべてのものは一体という愛の意識です。それに本人が気付いて、充分に開花させる時期までは、その種子を守るための固い殻が必要で、それが自我なのです。子どもの愛の潜在能力は、まだまだ柔らかすぎますから、まわりに固い殻がなければ、壊されてしまうのです。

ですから、はっきり言ってしまうと、じつは自我そのものがトラブルなのではありません。愛の意識という潜在能力が開花するタイミング、真の自分という大人になるタイミング、覚醒のタイミングが来ている時に、それでもなお固い殻をもち続けることがトラブルなのです。開花する春が来ているのに、その時流に乗ることを拒否し、自我という鎧を外すことを受け容れない時に、問題が生じます。今まで、自我は守りとなってくれたし、助けとなってくれていたかもしれないのですが、今後は逆に障害になっていくからです。**タイミングが来たなら、鎧という自我は壊れなくてはなりません。**あなた自身は自我ではないことを改めて自覚し、感謝してお別れしましょう。

その時、必要なことは、明確で自発的な「意志」を発動することなのです。今までの自我の殻を破り、さらに内面の本質を拡大進化させ、内なる愛の潜在能力を輝かせていくというパワフルな意志が発動されなくては始まりません。なぜならば、あなたのほうが、自我に甘えて離れたくないと駄々をこねている状態だからです。

この自発的な意志がなければ、自我は外れず、私たちは、人生の醍醐味に鈍感になっていくだけなのです。

あなたが自立し、本当の自己として歩み始める決意をする時、自我はひっそりと身を引くのです。あなたという意識の覚醒を喜び、「幸多かれ」と祈りながら、あなたのもとを去るのです。

自分のエネルギーが2つに分裂する悲劇

ほとんどの人間の頭と精神はパターン化していますが、それは特に不幸や苦渋に関してだといって間違いないと思います。よく私の先生は、「そんなに苦しむなんて、人の頭は完全に狂っているとしか思えない」と言っていたのを覚えています。

苦渋とは、恨み・怨恨・不満・みじめさなどです。

キリスト教の立場からは、人間とは罪であると説きます。この場合の罪とは、人間それ自体のことではなく、人の内面が「的外れな状態」になっていることを指しています。

古神道でも、「つみ」とは「つつみ」のことで、私たちの真の姿（神の姿）が、その道から外れた状態によって包まれ、隠れてしまったことを指します。したがって、罪とは、本人が内面の真実から外れた生き様をすることを意味します。


あなたは子どもの頃から、親に好かれるための自分像を構築し始めます。イメージ戦略を開始するのです。親の承認を得るには、他人に優越することが不可欠だと思い、優秀な人格であろうとする努力が始まります。でも、優秀であろうとすることは、劣等という側面も生み出しますから、あなたの本質エネルギーは、二つの相反する磁極の間で分裂していきます。

「イエスサイド（優越）」と「ノーサイド（劣等）」の2つの側面の自分像が出来上がるのです。

「イエスサイド」のパターンでは、「私は礼儀正しく、正直で、素直に言いつけを守り、勇敢で優しくて、賢くて、かわいくて、明るく活発であるべきだ」というような「べき」が条件づけされます。親や世間からそのように刷り込みをされると、子どもはそれらを自分の自我に統合したことを証明するために、人前でそれらを見せたがるようになります。親や世間からイエスと言ってもらうために、好かれる側面をアピールします。子どもなりの必死の努力です。

「ノーサイド」のパターンでは「私はだらしなく、反抗的で、ウソつきで、恩知らずで意地悪で、引っ込み思案で、こわがりで、粗野で、愚かであるべきではない」というような「べからず」が条件づけされていきます。子どもは人前で、それらを隠すようになります。

たとえば、あまり勉強ができなくても、体が強靭で、スポーツ万能の子どもは、自分のイエスサイドである方ばかりをアピールするでしょう。顔やスタイルに自信がなくても、学校の成績が良い子どもは、可能な限り頭の良さを見せたがる人生になっていくでしょう。そして、アピールできない分野は「出来ない」「無理だ」「苦手」「嫌い」などと勝手に思い込み続けて、そういった自分像を維持し続けていきます。

これでお分かりのように、あなたが認識している自分像などというものは、単なるイメージでしかなく、幻影です。

世間から挿入された価値観によって、あなたは「好き嫌い」や「得意・不得意」や「出来る・出来ない」という相反する自分像をわざわざ設定して、創り出してきました。

あなたは親や世間によって、あなたの人生の中に、嫌いなもの、苦手なもの、出来ないものを数多く設定してきたのです。そんな偽の自分像を疑いもせず、「私、出来ません」「それは嫌いです」などの言葉（刷り込み）を疑いもせずに口に出し、さらに偽の自分像を固めていくのです。

このようにして私たちのパワフルな生のエネルギーは、相反する二極の間で深く分裂することになったのです。躍動する喜びで私たちの全身を満たすはずだった生のエネルギーは、かたやイエスサイドを強めることに使われ、かたやノーサイドを抑え込むことに使われてしまいます。私たちの最も健全な状態を作ってくれるはずのエネルギーを、こんなことで無駄遣いしてしまってもいいのでしょうか？

私たちがイエスとノーの両サイドを等しくいずれも同じように認めてあげられるようになると、自由でイキイキとした真の自分が誕生します。

誰でもない者になれる時、何にでもなれる

あの人みたいに綺麗になりたい。
あの人みたいにお金持ちになりたい。
あの人みたいに成功したい。

というような誰かと比較して、という場合もあれば、

誰よりも美しくなりたい
有名になりたい
特別な人間になりたい
というような何かしら普通ではないもの、特別だと評価したものを追い求め、脚光を浴びたがるのが、自我です。

自我は、常に何か特別な「誰か」になりたがります。

優越な状態として差別化され、特殊化された個性を欲しがってしまうのです。誰かと自分に上下関係を作ったり、ランク付けをして、自己を証明しようとしてしまいます。そして、他人の中に、自分の優位性を刻みたくなってしまうのです。そんな特別な誰かになろうとする、その努力は、残念ながら苦しみや悩みをもたらしてしまいます。

この世の不幸は、なるべく立派な自己証明をしようとする不毛な努力が原因でもあります。

これは野望地獄です。


でも、なぜ「誰か」になりたがってしまうのでしょうか。あなたは本当は内なる虚空を持つ

偉大な存在のはずなのに。

それは「誰でもないもの」になるのが怖いからです。あなたも「誰でもないもの」になることを恐れてはいませんか？

無であること、無知であること、空っぽであることは、これまでの人生でよりどころとしていた自我からの決別でもあるので、恐怖なのです。無が怖いのです。無知であることが怖いのです。そして、何かが欲しいのです。空っぽではない何かが。思考でも感情でもなんでもいいから、空っぽを埋めてくれる、何かが欲しくてたまらないのではありませんか？　その空っぽは虚空、大いなる創造の源泉でもあるのに。

自己を証明できないくらいなら、不幸な悲劇のヒロインのほうがまだマシだと思ってしまうのです（この世にはなぜか、「不幸自慢」をする人がいます。なぜか不幸であることが優位であるかのように。幸せであることが悪いことであるかのように不幸を自慢します）。

それであなたは幸せになれましたか？　あふれるような愛に包まれたような幸福感を味わえたでしょうか？

必死になってそれをやり、そして結局は不幸で不満足だったのではないでしょうか。いつまでも満たされず、どこまでいっても満足することがなかったのではないでしょうか。

大いなる創造の源泉である虚空（無）を嫌い、そこから逃げようとすること、それこそ悲劇と不幸の元凶なのです。

そこには分断と分離しか起きないからです。もし**特定の誰かであったなら、あなたは制限され、限定され、限界の中に閉じ込められた存在になってしまう**からです。虚空はそんなことは意図していません。あなたを含めたすべての存在に、「誰でもない者」という自由を与えているのです。それは別の言い方をすれば、「限界のない者」という自由です。

誰でもない者というあなたは、もはや自己証明をする努力は必要ありません。

あなたは、いかなる自己でもOKという意識の用意はできていますか？

決めつけられない「誰でもない」あなたこそ、あなたの真の在りようです。あなたが中立な存在になるとき、過去の縛りも、特定の決まった未来という限定された縛りも消えていきます。そして、そこには、何にでもなれる自由な可能性と、豊かな愛と自由と喜びが残るのです。

思考と感情という自我について

誰かに裏切られたり、ひどい目にあわされたとき、感情が大きく揺さぶられ、深く心に傷を負います。ところが、**本来、虚空という純粋な意識である私たちには、傷などつきようがないのです。**意識にはカタチはなく、空っぽですから、誰も傷をつけることなんて不可能なはずです。それでも、私たちは感情というエネルギーの威力に負けてしまうのです。そして、しっかり気付いていただきたいのですが、**あなたは感情の傷の側ではなく、それを創った側であり、したがって、その傷を観察すべき側**だということです。

にもかかわらず、未だに多くの方が感情エネルギーと一体化して、感情から放たれた苦痛を自分自身だと錯覚し続けているのです。**あなたは感情ではありません。**感情的な不安や苦痛は、じつはあなたの思い込みが生み出したものにすぎないのですが、生み出した側と生み出された側とは完全に別だという目線を忘れないでください。

感情を創るような思い込みのことを、プログラムとか、条件付けとか、刷り込みなどと申します。こういった感情的な不安や不満は、妄想が勝手に生み出したものに過ぎないのです。

中国の唐の時代、無業禅師《むごうぜんじ》は、誰が何を質問しても、「妄想することなかれ」と答えたそうです（禅では妄想を「もうぞう」と読むそうです）。「妄」とは、みだり・でたらめ・いつわりのことですから、妄想とは、邪念・迷い・無明《むみょう》・不覚に通じます。

どうぞ感情と自分を一体化しないでください。24時間、俯瞰《ふかん》し続ける習慣を確立してください。

さて、感情の次は、思考についてお話しさせてください。

万物を作り出している大いなる意識存在、その虚空には物質は何も見つかりません。文字どおり空っぽです。もちろん、思考や言葉や理論も見つかりません。どこまで探しても広大なゼロ状態が広がっているだけです。虚空は無思考であり、純粋な無音なのです。その無思考の広がりの中に、色々な思考や想念が創られていきます。

一般的に思考は頭から発生するものと思われがちです。しかし、その肉体がもつ頭で考えた思考も、あくまでも一部分でしかありません。思考は断片でしかないので、どれだけ立派な思考を集めてみても、全体にはかなわないのです。

では全体とはなんでしょうか？　何度も繰り返しますが、万物を創り出している大いなる意識存在、虚空です。全体意識ですから、部分としての感情も思考も内包しているのです。内包しているのにゼロ状態です。

あらゆる思考と感情（カタチ）を等しく重ね合わせてしまうと、ゼロ、つまり空っぽになってしまうからです。

感情を手放す、思考を手放すということは、自我を手放すことですから、自分だと信じていたすべてを消去させることに等しく、それは頭にとっても、思考にとっても、ものすごい恐怖でしかありません。

無という空っぽ状態が理解できませんから、とても怖いのです。ところが、じつは無の境地を居場所にできた人は、逆にいろいろなものが見えてきてしまいます。有も無も両方が見えてしまうのです。不思議なことに、手放したはずの感情や思考の本質も理解できてしまいます。健康を失ってみて初めて健康の偉大さに気付くように……。

空っぽにその存在を置くと、不思議なことに、何もないのに何でもある状態になってしまうということです。

ここであらためて大切なポイントを述べます。

感情や思考のすべてが、あなたを邪魔する自我になってしまうわけではないということです。それらと一体化した時にのみ、自我が立ち上がるのです。ニュートラルに、中立に距離をおいていられるのであれば、問題はありません。

自我は、私たち人間に組み込まれたプログラムでもあるため、あなたひとりだけのものではありません。誰も彼もが同じようなものです。あなた個人に埋め込まれたプログラムではなく、集合的なプログラムなのです。ですから、自我という面からだけ見たら、どんな莫大な資産を持っている人も、どんな成功者、どんな立派な人でも、大差はありません。

さまざまな方のご相談を受けてきましたが、それは悩みという名の「思考」のオンパレードだと気付かされるのです。皆さんが思考の羅列を口にされながら、それでいて、その思考の根っここには何があるのかに気付いておられません。

建設的でない不毛な思考が湧く時は、必ずその奥に「こんなことがあってはならぬ」とか、「こうなっては困る」という「逃げの思考」があるのです。いかがでしょうか？　あなたが不毛な思考でぐるぐるになっている時は、「あれ？　おかしいな。うまくいってないぞ。何とかして、ここから逃げたい。回避したい」という内面になっていませんか？

さっき起きたこと、つい今しがた起きたこと、そういう目の前の結果に対して、「どうやって避けようか？」と逃げたがっているのではないでしょうか。

でも、どんなことであれ、起こったことや目の前の結果は、どう逃げたところでご自身の責任です。逃げても逃げても、その結果は頑として消えてはくれません。

「何とかして避けたい」と逃げ腰の思考になってしまう人は、自分が引き起こした結果に対して、素直にまっすぐに受け容れられない人ということです。これは愛の状態ではありません。

頭にとって不本意なことであっても、「これが今の自分には必要なギフトだったのだ」と認めなければ、それが完了することは決してないのです。

つまり、折に触れ、自らの「無数の思考」に気付き、逃げることなく責任を持って結果を受け容れる時、私たちはようやく「無思考」の境地に至るのです。

真の内面とは

私たちは、目に見える肉体のカタチを自分だと信じてきたので、内面とか内側という表現を聞くと、反射的に「肉体の中」と思いがちです。しかも、肉体の中ですから、肉体よりも小さいと思いがちです。そうではないでしょうか？

ところが、大間違いなのです。私たちは、虚空という無限の意識が本質ですから、内側と言ったところで、限界としてのフチもヘリも枠もなく、膨大な深みと広がりがあるわけです。つまり、あなたの内面は、とてつもなく大きくて深淵だということです。その広大で深い内面に、各自の思考や感情、自我が結晶化されていくのです。

ですから、思考や感情のカタチは、あなたの内面よりも小さくて薄っぺらであり、非常に底が浅いわけです。あなたが、この小さなカタチの思考や感情から出ること、イコール、広大で深淵な本当の内面に入ることになります。そこには、膨大な叡智のポテンシャルが潜在しているのです。あなたのこの内なるスペースは、現実の具体的なカタチや状態を育むための母胎空間であり、子宮なのです。

以上のことに関連して、ある日、次のようなメッセージが降りてきました。

状況への解釈や批評こそが、不幸のモトなのだ。
そして、エゴ（自我）とは、解釈と批評のオンパレードだと思わないか？
あいかわらず、意見がぶつかり、人々が否定し合っているって？
そう、それでいいのだ！　本当にそれでOK！
その表面的な出来事の深い奥にある「虚空の采配」が見えるかな？

弥栄《いやさか》、つまり全体調和して栄えるという意味を
勘違いしてはいけないよ。
それは、外側に見える状況のことではないよ。
各自の内面における解釈や批評が無くなって、
つまり自我が不在になって、
あらゆるすべての状況を受け容れられるような内面であることが、
真の弥栄ということだ。

内面の弥栄に向かう努力もせず、
恨み・つらみを言いたい者だけが、
外側の状況を利用して、

被害者か加害者になっていくのだ。
しかも、外側の状況を利用しておきながら、
それを恨み、そこに自分の不幸の責任をなすりつけるのだ。
これをエゴと言うのだよ。
自分の内面がどうなっているのかということに
全く気付いていない。
気付きの意識が眠っているのだ。
観察意識として覚醒していないのだ。

スピリチュアルな勉強をすれば、
瞑想技法を練習すれば、
あるいは精神世界の知識を集めていけば、
もうラッキーなことしか起きないとか、
ＨＡＰＰＹなモノゴトを引き寄せられるとか、
まさか期待していないだろうね？
外は全く関係がない。外の状況に期待するのをやめなさい。
あなたの真の内面スペースが

いかに天意《あい》と喜びと情熱に満ちた天国であるかどうかだ。
いかに、すべてを受け容れているかどうかだ。

第3章

「比べる・評価する・所有する」から脱け出す

いずれ失うものばかりを欲しがる人間物語

ほとんどの人は、人間という夢を見ています。自分は男だとか、女であるという分類の夢を見ている者もいます。この分類から目覚めると、人は覚醒の本質そのものに戻っていきます。純粋な気付き、純粋な目撃する意識以外の何者でもないと分かるのです。いかなる分類のカタチも消えて、まさにカタチなき醒めた意識、広大無辺な澄み切った無の空間になっていきます。「私は誰でもない。何でもない。どれでもない」という認識と自覚に至ることが覚醒です。

残念ながら、人間物語という夢にあまりにもリアルさを感じて、深く深く一体化しているので、距離を保つことができなくなり、傍観者でいられなくなっている人が多いのです。

それには理由があります。**自我は、常に注目を浴びたがっています。**注目されないと傷ついてしまうのです。自分が何者でもないものになったなら、誰も気付かないだろうから、無視されるのは困るから、自己を強烈にアピールしたいのです。何者でもなくなることが怖い。だから、意識を覚醒させたくない。はかない一瞬の夢でもいいから、酔いしれていたいのです。

多くの人が、完全に真の自分を忘れ、なぜ物理次元にいるのか、いったい何をしにやって来たのか、何を学び、何を知るためなのか、自分の源はどこにあるのか、肉体や現世への旅を引き起こした発端は何なのか、さらに今までに何を達成してきたのかを完全に忘れています。

しかも、今まで成してきたことのほとんどは、虚しいものばかりでした。なぜなら、肉体の死によって、結局は失うものばかりを収集してきたからなのです。**自分の大切な人生をかけて手にしてきたすべてのものは、肉体死によって自分の手から離れてしまうものばかり**だったのです。家族、名声、友人、お金、権力、知識、仕事、一瞬のうちにすべてが所有できなくなります。自我が成し遂げようと努力してきたあらゆるすべてが、肉体死によって消滅します。

それなのに、**自我は何でもかんでも収集したい**わけです。そのように世間から刷り込みされていますから、お金や情報など、ありとあらゆるものを集めます。自我は、所有し、蓄えることを信奉しているのです。このこと自体が悪いわけではないのですが、あまりにも飽くなき追求であり、貪欲です。そして、どれほど収集していっても、手にしたものはすべて消えていくのです。こんなふうに、肉体死によって消えるものなど、所詮《しょせん》は単なる夢にすぎないと、いつになったら気が付くのでしょうか。人間物語の夢を見ている限り、決して真の現実と真のあなたを観ることはできません。本当の感動も喜びも永遠に味わえません。これ以上の不幸はないのです。

あの世の体&この世の体

私たちの体のことをご存知でしょうか？

私たちの体も、純粋な光からできた「あの世の体」（意識の体）と「この世の体」から成り立っていまして、物質ではない意識の体（光の体）から、物理的な体（肉体としての体）が創られています。

そして、創造された物理的な体のほうは、誰もが知っている**「肉体」、感情の集まりである「感情体」、思考の集まりである「思考体」という、主に3つの層**からできています。

最も外側の表面的な浅いところにあるのが肉体で、次に感情体、次にある層が思考体です。肉眼で見えない感情体と思考体も、半物質のカタチがちゃんとあるため、物理的な体に変わりはありません。

人の意識が永眠するという死によって、まず最も表層の肉体が落ちていきます。ところが、肉体よりも深いところにある体、つまりは内側にある微細な体はそのまま残ることが多いのです。

思考と感情想念への一体化があまりにも強かった人（人格的な自我が強かった人）の場合、もし永眠というチャンスが来ても、思考体と感情体との一体化から本人の意識を離脱させられません。本人にとっては、かつて自分が持っていた思考や感情の「記憶」が自分のすべてで、この記憶から離れたくないからです。物理的な2つの体はそのまま解体されないで残ります。だから、過去世を読み取れるわけです。

彼らは過去世で、かつては男であったし女であったし、富裕層であったし貧困層であったこともあります。あらゆる思考が本人のもとに残っていて、しかもその思考との一体化があまりにも強固なために、本人は決してそれを手放そうとしないのです。永眠によって、表層の肉体は落ちて消えますが、少し内側の微細な思考体はそのままなのです。思考体は想念波動のエネルギーであり、本人はそれを握ったまま、新しい肉体へと入っていきます。

思考パターン、感情反応パターン、欲望の形態、その様式に従って再び新しい肉体を創ります。思考体には決まったパターンの青写真があり、それに従って表層の肉体部分が寄せ集められていくのです。そして、この世にまた肉体として誕生することになるのです。

本来、あの世とこの世には分断などありません。「あの世」の中に「この世」が包含されています。人間が思考という壁を使って、あの世とこの世を分けて考えるようになっただけです。あの世とはカタチのない意識のことであり、あの世からすべてのこの世のものごとが創られていきます。大いなる創造意識があの世なのです。

過去世、先祖からの強い欲望

「人間はなぜ、何回も生まれ変わっても同じような欲望を持ってしまうんだろう?」と、疑問に思ったことはないでしょうか?

頭や思考が、何らかの感情的な達成感(興奮)を欲するなら、それは必ず「過去の記憶」から起こっているのです。思考体は、何世紀もかけて蓄積された「過去の記憶」という埃《ほこり》でいっぱいです。かつて達成できなかったこと、かつて叶えられなかったこと、もう終わってしまった既知を感情的に繰り返そうと欲しているだけです。それは、今この瞬間の真のあなたの意図ではないのです。

何百年、何千年という間、人間が繰り返してきたのは、同じような個人的欲望です。

その果てしない個人的欲望というものが、じつは「過去世」「先祖」から来ているのだと気付いた方は、一体どれくらいおられるでしょうか。

何としても叶ってほしいという強い欲望は、過去の生の反復でしかなく、じつはすでに体験されてしまったものばかりです。頭や思考が欲するものごとは、過去において感情的に知ってしまったことばかりなのです。未知の体験ではなく、既知なのです。それなのに、思考は、欲望による感情的な興奮を繰り返したがるのです。

欲望はいつも繰り返しに過ぎないのです。そして欲望は繰り返し、円を描くように動きます。それはまるでハツカネズミが回し車のなかで回り続けるラットレースの平面版のようです。回り続けるうちに深い轍《わだち》となり、そこにはまってしまいます。

あなたの意識が低いままであれば、その轍から出ることができません。万物はすべて「らせん状」に動きますが、この轍はひとつのところだけで円を描くだけですから、ぐるぐると同じところを回り続け、過去の物事を永遠に繰り返すだけになります。

この轍がなぜ、やっかいかと言うと、あなたの生だけのものではないからなのです。

人間の過去は、先祖から数多く繰り返されてきたために、そこには深い轍が出来上がっています。繰り返せば繰り返すほど、それは簡単になり、便利になります。おかげで、欲望の繰り返しも楽になり、自動的になってしまったのです。何世紀にもわたって生み出された欲望というマシンに自動運転で乗っているようなものです。そのマシンには、とても強くて根深い習慣があり、あなたがマシンを使うというよりも、マシンから使われている始末です。あなたはその便利さに支配され、ついつい無意識のままで、過去の轍を延々と歩むのです。

あなたの中に、過去に繰り返されてきたパターンが染み付いているため、すぐにそちら（過去の欲の世界）へと流されてしまいます。

欲望や欲求も自動的に繰り返していれば、あなたの意識はグッスリと眠っていられて楽ですが、その代わり、無欲という意識本来の豊かさには気付けません。そして、気付けないならば、豊かさの境地に至ることはできません。無欲という豊穣の境地に至って初めて、真のあなたとしての虚空の欲求（天意《あい》）が躍動し始めることができます。

無欲とは、欲が何もないという意味ではなく、過去からの欲求と先祖の欲求をもう二度と繰り返さないという意味です。

「不安・不満・不足」VS「充足・満足」

「誰」と比べていますか？（それは苦しくはないですか？）

「何」と比べていますか？（それは、つらくはないでしょうか？）

「どの時期」と比べていますか？（それは、楽しいことですか？）

「どこ」と比べていますか？（それは、本当に意味のあることですか？）

私たちの思考は、常に比較するパターンに働きがちですから、短気で、焦りがちです。でも、「意識」のほうは全く比較をしません。比較のしようがないのです。意識にとっては、すべてが自分で、自他の区分けがないからです。自分と誰かに境界もありません。比べて否定することがなければ、不満の感情は湧きません。

過去や未来に意識を置くとき、あなたの意識が「今の一瞬」の自分から離れた時に必ず不安や不満、不足が起こります。平面の水平の時間軸に入り込み、いつまでもぐるぐると輪廻します。理論や思考の怖いところは、あくまでも部分的な偏見であるがゆえに、思考に固執すると、あなたのエネルギーは下がるいっぽうです。今この瞬間しかなければ、さっきだとか明日とかにエネルギーが分断されません。それなら、不満も不安も湧きません。充足しかありませんから、充足した現実だけしか起こりません。

不満・不足・不安は、今この瞬間と、今にはないもの（過去と未来）とを比べることによってです。もし、比較を忘れて、今ここを十全に生きていたら、不満も不安も絶対に起きません。思考や感情的に起きないだけではなく、実際の現象面でも起きないのです。誰も、この重要な事実を教えてくれなかったけれど、私自身、実験しながら生きてみて、本当にそうだと理解できました。

意識にとっては、あらゆるすべてがひとつなので、絶対的で統合的、全一です。

「統合する」ことを「統《す》べる」とも言います。「統べて」とは「すべて」のことです。今まで分断してきたモノやコトを、どんどん統合し、今この瞬間に受け取るべきものを、ちゃんと丸ごと受け取ってください。それだけでいいのです。それが充足・満足になるからです。**世の中にたったひとつだけ「べき」があるとしたら、今ここを「受け取るべき」しかありません。**

所有という低い意識

何度も繰り返しますが、もともと私たちは、意識も身も心もひとつでした。宇宙のあらゆるすべてが全体ひとつのものであったし、個人だけの所有という意識などありませんでした。誰かや何かとの比較や競争も、闘争もなかったのです。

でも、あなたもこんなことがありませんか？

「開けてはいけない」と言われたものは開けたくなってしまったり、満ち足りた毎日なのに刺激を求めてしまったり、ちょっとした小さな違和感がずっと気になってしまったり……。

虚空はすべてひとつ、ですから、そのひとつのなかにある、自分が知らない「所有」というものを知りたくなってしまったのでしょう。所有とは何か？　虚空は自分の内側に、問いかけをしたのです。

そして、私たちは、所有がどんなものなのか、を経験することになりました。「虎穴《こけつ》に入《い》らずんば虎子《こじ》を得ず」の諺《ことわざ》のように、〝所有〟を手にするために所有という洞窟に入り込むことになってしまったのです。所有の考えにどっぷりと使って生きることになった私たちは、この人間世界で多くのことを学ぶことになりました。

わかったのは、所有という概念こそが、こんなにもお互いを不幸に貶《おとし》めるということでした。もちろん、すべての人がそれを理解したわけではありません。個人で独占的に所有という魅力に抗える人はほとんどいないからです。ただ、ほんの少数だけが「分かち合い」で生きる社会を取り戻そうと努力してきました。でも、ほとんどの人間が、私たちはひとつだったということを忘れ果ててしまって低い意識のままでいるのです。

でも、もしかしたらあなたも、本当はこの所有というものに疑問をもっているのではありませんか？　それは、あなたが低い意識から抜け出そうとしているのかもしれません。あなたの内側の意識が、「思い出してごらん」と叫び出しているのかもしれないのです。気付いていないかもしれませんが、あなたも社会を変えようとこの地球に降りたったのかもしれません。

ほとんどの人が、何度も肉体として生まれては死んでいくことを繰り返す中で、所有という経験に毒され切ってしまっているから、所有しない社会がどんなものなのか、全く想像もつかないし、イメージさえできないことでしょう。考えることさえアホらしいと思うかもしれませんし、分かち合いなど、もってのほかかもしれません。

あなたは、公平な分かち合いに関して、こんな疑問や反発が湧きませんか？

「所有獲得というご褒美がなくなると、人生がつまらないのではないか？」

「一生懸命に頑張った人も、怠けていた人も、天から公平に分かち与えられるだなんて、腹が立つ！」

じつは、私もそうでした。分かち合いとか、シェアという言葉が大嫌いでしたし、自分だけが良いものをたくさん所有していたい、それを自慢していたいという考えに毒されていました。所有獲得というご褒美があるから、他人よりもたくさん頑張って、寝る間も惜しんで努力していくのだから、公平な分かち合いなどあり得ないと、自我まるだしの所有ゲームにハマっていました。それは、私たちが低い意識に成り下がってしまったからです。覚醒や悟りとは真逆の状態になり、自分のことを「私という個人」としてしか考えられなくなり、肉体や思考や感情が自分自身だという視点しかもてなくなってしまったのです。本来の私たちは、所有獲得という考えを刷り込まれる以前には、意識の向上をサボっていたいなどと思う者は誰もいなかったのです。

公平な分かち合い（弥栄）

今までの地球では、一部の者による独占所有がはびこってきました。評価というシステムによって、優劣を競い、たくさんの人から「いいね！」の評価を集めた者、評判と名声を集めた者だけが、経済面でも勝ってきました。そして私たちは、世間的な評価によって優秀だと認められた者だけを崇拝するか、あるいは逆に、その者に猛反発して、ダメ出しの評価を下すかのどちらかでした。

現在のインターネット社会ではまたそれが加速するようにも思えます。評価を集めた者が礼賛され、かと思えば、昨日まで賞賛されていた人が、一気に落ちていく。人はどんどん人に対して攻撃的にもなり、ランク付けしたり、批評したり、比較するようにもなりました。

これからの地球の進化発展においては、私たち地球人がきわめて高い愛の意識になる必要があり、古い魂のリサイクル（輪廻）を廃止することが大切なのに、それに対して、低い意識が猛反発しているようにも思えます。

独占所有という考えが低い意識の表われであるなら、**高い愛の意識とは、公平な分かち合い**ということになります。古風な言い方ですと**弥栄**《いやさか》です。

私たちの霊的本質である高い意識は、素晴らしい愛と知性と能力と繊細な感性といったような宝石を初めからもっていますが、独占所有という歪んだプログラムによって、各自のお宝はすべて抑圧されてしまうのです。オリジナルな能力も才能も、完全にエネルギー的に抑圧され、その自己表現されなかったエネルギーは「はけ口」を求めて、恨み・欲求不満・怒り・悲しみといったような激しい感情に「変換」されてしまうのです。つまり、抑圧された自分の才能や感性を、すべて否定的感情にすりかえているのです。

この激しい否定的感情を体内から排出するためには、否定的現実を創るしかなかったのです。そんな辛い現実を創ってまで感情を解放するというゲームではなく、深くて広大で高い愛の意識になってしまうことで、各自の能力が自ずと出てきます。そうなれば、否定的で不自然な現実は創らなくてすむのです。

じつは、感情は素晴らしいツールであり材料なのですが、残念ながら今のところは、抑圧された激しい欲求不満の「はけ口」にしかなっていないのです。豊かな感情を「はけ口」として使わなくても、素晴らしい感性と能力として活かすことができるのです。

それから、公平な分かち合いという表現も、ほとんどの人が勘違いしています。

たとえば、会議室でミーティングをしている10人に対し、コップ10杯のお水がポットに入っている時、おそらく各自に対して均等に一杯ずつ配ることが公平な分かち合いだと信じていませんか？　それは頭が信じこんだ観念であって、真の意味での公平とはちょっと違うのです。

虚空から起こる公平な分かち合いは、私たちの観念を超えた実に完璧な分配と采配なのです。

それはこういうことです。その瞬間、Aさんは、お水など全く飲む気がしない。Bさんにとっては2杯ほど飲みたい。Cさんは半分くらい、Dさんは3分の1ほどで、Eさんはどうしても5杯飲みたい、といった具合に、各自が変な遠慮をせずに自らの素直な欲求に従った時、誰にとっても不満がないように、そして一滴のお水のムダもないように、ピッタリと配られてしまうのです。これが虚空の計らいです。

欲しい人にとっても、そうでない人にとっても、全員の欲求どおりにコトが運ぶように出来ています。お金の配分も理屈は同じで、その瞬間、お金の出入りを全く必要としない人もいれば、その瞬間に起こる必要がある人もいる。その人に応じて、コトが運ぶように出来ています。

本来、自然界のあらゆるものは、虚空の計らいによって、「需要と供給」の調和が必ず取れ

るように作られるのです。そのバランスを崩すような「独占所有」のための闘争を続けてきたのは、人間の低い意識ゆえだったのです。

不幸なことに現代人は、何でもかんでも可能な限りたくさんもっていることが豊かさだという間違った概念に毒されてしまったために、素直で自然な欲求の感覚が機能しなくなってしまいました。素晴らしい直感や感性が全く麻痺してしまったのです。本当は必要がない時でさえ、頭だけは何かを過剰にほしがり、結果としては常に不足感しか感じられなくなってしまいました。

この低い意識レベルを、本来の高い意識へと変容させることで、自然な満足をキャッチする感性が戻ってきます。

高い意識へと変容させるには、万物万我をいつくしみ、自他一体のように感じながら、共に調和して栄えていこうとする意志を強めることです。そんな素晴らしい未知なる地球を、自分の目でしっかり観てみたいという健全な好奇心を引き出してください。

お金も一時的な預かり物でしかない

たとえば、会社という組織の中で、人それぞれ役割がありますよね。みんなにいじられるちょっと三枚目キャラの人や、いじめ役の人など。誰かひとりが退社して抜けたあと、別の人がまた代役のように、その役の座に座る……ということを体験したことはないでしょうか？どんな組織でも、たいてい役者は揃うものです。

集団の中では、このようにすべての個人個人が、人それぞれ、役割や分担をもっています。そして、その都度の個性・才能・特色を発揮するという点では、誰ひとりとして同じ者は存在しません。そのユニークなたったひとりでさえも、毎瞬毎瞬において、まったく違った存在になっています。その違いがあるおかげで、全体としての調和がとれて、誰もが不満なく生きていけます。たとえば、誰かが家にいたいと思うなら、他の誰かは外出したくなるように、全体全員で毎度のバランスがとれるようになっているのです。

じつは財産も同じです。

生きていく上で最も自分のものとして所有したくなるのがお金や家、土地などの資産としての財産ではないでしょうか。

ところが、財産も「公有の性質」があります。特定の少数の個人だけが大部分を握りしめ続けるのではなく、**循環させることで、かえってその根本的な性質を発揮できる**のです。自分のところに巡ってきた財産やお金を、自分だけのふところに入れておかず、それを全体繁栄のために喜んで差し出し（分配し）、さらにますます繁栄して差し出そうという意気込みを持ってください。

いのちもお金も同じことで、個人の所有物ではなく、全体からの預かり物であるがゆえ、全体のことを考えて、大切に喜んで使わせていただく（分配させていただく）ものです。

元来、土地物件やお金には、その時々の特色や、それぞれの役割個性があり、適材適所で有効活用をしてあげればいいのです。有効活用する方向性が決まらない時は、それらの財物は活かしきってあげることができず、結局はないのと同じことになってしまいます。やはり、それぞれの財物、財産の「いのち」も輝かせてあげねばなりません。そのためにも、喜んで使わせていただき、満足して受け取っていくことです。

古今東西の長い人類の歴史の中で、土地や城や屋敷を奪い合い、必要以上にお金を搾取し、ひどい時には人の命の輝きさえも、抑圧する方向に導いてきた特権階級が存在してきました。今も、一部そういう方は存在しています。

だからといって彼らを憎んでも何も始まりません。むしろ、相手を憎んで、何とか蹴落としてしてやろうという対立する心がこちら側に湧けば、同じ穴のムジナになるだけであり、さらに彼らのエネルギー（押さえ込もうとする力）を強めていくことになります。

最も腹立たしく最も忌み嫌う相手こそ、その方々の弥栄《いやさか》豊穣なることを祈ってあげることが肝要かと思います。

なぜなら、彼らこそ、最も貧困な内面（枯渇《こかつ》感）の持ち主だからです。枯渇感が動的に働く時、他者を抑えつけようとするエネルギーとなり、静的に働く時、他者の言いなりになるアキラメとなっていきます。この動と静は表裏一体の同じものです。この双方とも、弥栄豊穣ではありません。ですから、すべてを自分だけで奪い続けたがるようなマイナスな権力者にこそ、「どうぞ、本当に満ち足りてください。そして、全体の繁栄のために動いていってください」と祈ってあげてください。

公金横領

この世のいかなる問題も、利己的な意識が元凶です。個人主義的な意識、自己中心の意識のことです。

多くの人が、「私が在る」「居る」という意識になっていますが、そもそも特定の「私」などという決まった個はどこにもないのです。あなたご自身の中に「私」という姿カタチを探してみてくだされば分かりますが、「空間」があるばかりで、どこにも「私」など見つかりません。あなたご自身の中に生は流れていますし、新しい命は巡っていますが、「私」という特定な姿やカタチなどないことが分かるはずです。

あなたという意識は、空間に境界線など作っていません。いえ、空間を区切ることなど不可能ですから、もともと境界も結界もないのです。あなたの外側の空間であれ、内側の空間であれ、何の仕切りも区切りもなかったのです。

ところが、「私」という個人的な姿が居るという妄想の視点になっていくにつれ、独占所有の囲い込みの意識になってしまい、何でもかんでも「私のもの！」というボーダーラインを引くことになり、意識上の見えない壁を創ることになっていきました。

「あなた」と「すべて」との間にも、自と他の間にも、意識上の「亀裂」が実際に生じ、エネルギー的に分断されて孤立するわけですから、大いなる宇宙のエネルギー循環の流れ、豊穣の流れから孤立することになります。あなたが意識のうえで囲い込みの壁を作ってしまうと、お金、物、人、知識、あらゆるものがあなたには訪れなくなります。つまり、他のすべてから巡ってくる（恵ってくる）はずの、たくさんの分かち合いが受け取れないことになるのです。

今、あなたが必死で囲い込んで所有しているものが、どんなに他人より多く見えても、物理次元においては、いつか必ず消化されてしまうのです。所有の境界線をなくすという意味は、あくまでも「意識」のお話であり、今、お手元にある物理的なものを捨てろとか、人にあげてしまえと言っているわけではありません。物理次元の見える何かをやりくりする話ではなく、見えない意識を変えることを言っているのです。

見えない領域（あの世）にも、見える領域（この世）にも、もともと個人の所有物などありません。宇宙全体という公的なものに属するのです。

全体ひとつのものである以上、お金はいわば公金であり、一時保管、一時預かりでしかありませんから、独占所有することは、意識上の「公金横領」です。宇宙の予算として預かっているだけですから、全一（全体ひとつ）に即した使い方をすることが、最も楽にお金が循環するのです。

「私のお金」というように、あなたが独占所有の意識を持った段階で、あなたの外の領域とはエネルギー的に切断されるわけです。あなたの意識が自他の壁を作ってしまった以上、あなたの外からは何も巡ってくることがなくなるのです。お金だけではなく、他のすべてにおいても同じことが起こり、あなたには所有獲得できないものがほとんどになりますから、ますます所有したいという猛烈な野望が湧いてきます。

お金だけでなく、人間を囲い込み、抱き込んで、自分のふところに所有しようとすることもやめましょう。家族であれ、友人であれ、恋人であれ、仕事の相手であれ、先生や生徒であれ、人間関係を独占所有しようとすることをやめましょう。

個人的な独占所有という意識が消えると、他者との壁も消え、あらゆるものがあなたの所に巡ってくるようになります。巡ってくるのは、所有のためではなく、あなたが全体全員のために使うという「分かち合い」の意識になっているからです。

自分自身さえも所有しない！

さて、肉体やお金、低い意識など分かりやすい所有の話をしてきました。

私たちは今まで「なくなること」や「衰えること」「劣化すること」を恐れる生き方しかしてきませんでしたから、所有しないということは、欠落への不安だけしかないのです。これをなくすためには、恐れという感情からコードを引っこ抜けばいいだけです（感情との一体化をもっと詳しく見ると、「コードを挿している」ということに気づきます。あなたと感情というのはコンセントとプラグのようなもので、感情体というコンセントからプラグを抜けば、「なくなること」への不安や恐怖への恐れが湧かなくなります）。

あなたを取り巻く、この世に何にも、そして誰にもコードを挿さなくなれば、いのちのエネルギーを無駄遣いすることもなくなりますから、変化や新生が叶います。所有しようとすればするほど、変化できなくなり、劣化していきます。コードを引き抜いてしまえば、何からも誰からも縛りを受けなくなりますから、終着点でもあり開始点でもあるゼロに戻り、新生が起こるわけです。新生をし続けることで何が起こるかというと、進化です。

つまり、所有しないことの不安を手放すだけで、所有しようとあくせくしなくても、あなたは進化してしまい、勝手に必要なものは来てくれるようになるのです。

ほとんどの方が自分個人の存続と維持に執着し、あらゆるものにコードを挿しています。そうすると、己れのエネルギーがコードや対象のほうへと流れて漏れてしまい、それによって生の気が弱くなり、気が枯れていきます。

外側のものだけでなく、あなたの内側のすべてからもコードを抜き去り、**自分自身さえも所有しようとしない**ことです。そうなっても、それでも残るものがあります。純粋な意識だけが、静かにただ在るようになります。これがあなたの「中心」です。こうなって初めて、あなたの天命が分かり、天の意の発動を全面的に起こせるようになります。

あなたが何かを所有しようとしなくなれば（所有のコードを挿さなければ）、エネルギーが漏れないため、全身が常に満ち足りた状態になり、自ずと個人的には「無欲」になるのです。

この無欲になって初めて、真の自分の意欲にようやく接触できるのです。

あらゆるすべては変化・進化するのが普通です。ところが、あなたがそのように見なさないから、変化・進化が止まるだけです。そして、あなたが何かを独占的に所有しようとすれば、変化・進化は止まります。このことを絶対に忘れないでください。

問題視する視点

生きていると、毎日が問題だらけのように思えてくることがありませんか？

恋愛に結婚、夫婦や家族をはじめとする人間関係、金銭問題、相続問題、はたまた自分自身のコンプレックスや勉強などまで、悩みは尽きることがありません。

人間は問題視する生き物なのでしょうか。

宇宙の創造の源である虚空は、問題視する視点を持ちません。いかなる分析もしません。片寄った好みがないのです。すべてに対して中立で公平な全一愛の目線しかないのです。問題視するのは人間が作りだした人工的な思考だけですし、何とかして解決しようとするのも思考だけです。

よくよく考えてみると分かるはずですが、ハナから問題視する目線を持ったままで、一体どうやって悩みを完全解決できるというのでしょうか。**「問題視」すること自体が、悩みやトラブルを「創造」しているというのに。**

そもそも、悩みを解決するとか、問題を解決するとか言うけれど、いったい「誰が」解決すると思い込んでいますか？　それは人間としてのあなたではありません。もちろん、特別な「あの人」でもありません。

虚空の叡智がすべてを解決し、すべてを推し進め、すべてを進化発展させるのです。全面解決は、エネルギーの光、つまり愛の躍進によって可能になりますが、古代では躍進のことを「やす」と言い、やすやすと解決することを言っています。

だから、個人としての「自分が」何とかしようとか、他者の問題を何とかしてあげようと思うのはじつに傲慢《ごうまん》です。本来、何かに対して「問題視」する目線さえなければ、すべてのものごとが自ずと解放されるようにできているのです。

「こうすれば解決する」「こうすれば人生の成功者になれる」「素敵な自分になれる」といったようなセミナーや本はたくさんあります。

今度こそ解決できる、とセミナーをわたり歩いたり、占い師に頼り切ったり、本を読みまくったりする人も多いのですが、たいていが根本的な「創造の原理」を伝えておらず、真の解決には至っていません。

ノウハウやハウツーを求めてやって来るご本人が、「問題視する目線」のクセを持ったままだから、いつまでも解決できない事柄が続くわけです。残念ながら、伝える側にもそれを分かっていない人が多いようです。

ですから、あるジャンルの問題においては、たまたまノウハウを使ってラッキーな大当たりをすると、一瞬は解決したかのように思えますが、また似たような問題が起きたり、別のジャンルの悩みとトラブルが起きたりします。そもそも、物事や自分のことを「問題視」するような目線は、一体どこから来ているのでしょうか？　**「良い・悪い」という二極の分析思考**から起こっています。この二極化した目線のワナにはまると、あなたは現状維持の繰り返しパターンに入ります。

同じような問題を繰り返してしまうのは、根本的な原理を分かっていないからです。

根こそぎ解決できないから、常に相談者は増え続けます。やたらとたくさんの相談者が集まってくるということは、真理を全く知らされていない人が多いことの表れなのですから、悩める人をたくさん集めて「仕事は盛況だ」と喜んでいる場合ではありません。何の根拠もないプラス思考や、ノウハウやハウツーでごまかしている場合ではないのです。

世間では、虚空の叡智につながれるということを知らずにいる相談者と、自我の強い傲慢な先生という組み合わせがじつに多いのです。

そして、この組み合わせは世間ではとても繁盛していて、お金もついてまわるし、評判はウナギ登りになるから、やめられないほどの快感だろうと推察できます。ただし、このワナにはまると、双方が共倒れになるだけ。もっと真摯に謙虚に真理を追求していただきたいと祈るのみです。

純粋な意図とは

たくさんの講演を聴き、たくさんの知識を集めまくり、たくさんの本を読みあさったけれど、自分が本質を何ひとつ得ていないと分かった時、そこからが真の学びの始まりです。個人的な救済を望むのではなく、心底から全身全霊で宇宙の「創造の真実」を知ろうとしてください。

多くを知ったにもかかわらず、それらの多くは、意識の向上には不必要な知識や、的からズレた枝葉の話、非本質的な知識だったことに気付けばいいのです。世間で得た安くて手軽なお値打ち情報など、ほぼ役に立たなかったことが分かればいいのです。私たちの内面の変容に関しては、もう、小手先の取り組みではダメなところに来ています。

ある日のこと、私は貧困状態への純粋な怒りから「本当に私は困っているのだ。とにかく2万円をよこして！」と、まさに怒髪天《どはつてん》を衝《つ》くと言いますか、天に向かって怒り心頭に発し叫んだ時がありました。そうしたら、スグに2万円をいただくようなことが起こりました。思考を超えた純粋な怒りから湧いた意図は、欲に対しての罪悪感なども全くなく、貧困の被害者だという意識も皆無でした。ただただ生命存在としての「いのちの尊厳」がおとしめられているピュアな怒りからの意図でした。

このような根本的な怒りは、頭も思考もすっ飛ばして、いっさいの迷いも葛藤もない「純粋な意図」ですから、すぐに現象化するのです（頭を使い、思考を使うと、純粋な意図は一本化されず、パワーが分散して、現象化に至らなくなるのです）。まさに丹田《たんでん》全開のビッグバンでした。貧困や不満を感情的に愚痴って、ただ嘆いているうちは何も変わりません。本気で意を発しないと、何も変わらないのです。

あの日の私にもたらされた2万円は、本質の流れからの一時的補助であり、「霊的な学びをやめるなかれ」という虚空の愛だったわけですから、それ以上の多額のものが与えられていたなら、きっと傲慢になり、学びの本質からズレて怠惰になり、安易に「引き寄せセミナー」などに走っていたかもしれません。

第4章

今ここに生きること、真の願いを叶えること

その夢は誰のものですか？

願いを叶えたい。
夢を実現させたい。

誰もが、それを自分の手にしたいと思っています。
でも、その自分の願望だと思っているものが、じつは他人の夢ではないかと疑ったことはあるでしょうか？

たとえば、ピアニストになりたい。
ユーチューバーになりたい。
ビジネスで一旗上げたい。
サラリーマンをやめて起業したい
……

夢を見ている時、ワクワクしていた気持ちが、もしも偽物のワクワクだとしたら……？

その夢をそもそもさかのぼってみてください。なぜ、そうなりたいと思ったのですか？

あなたの内側にある真の自分が今ここで望んでいるものでしょうか？

もし違うのだとしたら、では、その夢は誰のものでしょうか？

個人的な夢や願望は、世間や一般社会からの刷り込みがほとんどです。私たちの意識はつながっていますから、自分の夢も他人の夢も行き来が自由です。知らないうちに夢のワナ、願望のワナ、空想のワナに引っかかってしまいます。よほど気をつけて自分の意識を醒《さ》めさせておかないと、誰かの頭から自分の頭へ、夢が乗り移ってきてしまうのです。世間や他者から理想像をインプットされ、これぞ自分の夢だと強く勘違いして、一生懸命叶えようとしてしまうことがあるのです。

「こうなりたい」「それを手に入れたい」と強く思うものの多くは、他者から刷り込まれた価値観で起こっているということです。これは驚きです。つまり他者の価値観によって操作されているわけです。

たとえば、親がひそかに「あなたにはこうなってほしい」と強く願っていた夢の場合もあります。口では「あなたの自由よ」と言いながら、こっそりと誘導していたかもしれません。

こんなこともあります。江戸時代に商売に失敗した先祖のＤＮＡが、今世こそビジネスで成功したいと願っていたりするのです。先祖が執着していた夢や願望を今回の肉体にＤＮＡとして引き継いで、それを自分の夢だと錯覚していたりする場合もあります。

あるいは、あこがれの誰かが世間で成功し、あなたが「いいなあ！　あんなふうに成功したいなあ」と憧れてしまう時、つい頑張ってマネをしたくなるものです。それも結構ですが、その誰かさんによる支配エネルギーを（時空を超えてまで）もらっていることも多いのです。この支配エネルギーというものは厄介です。

支配エネルギーは、「善意」という実に美しい仮面をかぶっていることが多いからです。ところが、その実態はこうです。

「私は、こんなにも成功し、たくさんのものを手にし、こんなにも幸せです。是非、あなたたちにも幸せになってほしい」

というようなエネルギー・コードを相手のチャクラに挿していたりします。

これでは一歩間違えると、「こんな便利が道具がありますから、買ったほうがいいですよ」と、欲しくもないモノを買わせる押し売りと同じです。

もちろん、その人も、良かれと思ってやっていますので、始末に負えません。誰かさんにとっては「良かれ」でも、他の人にはマッチしないからです。

そして、「あなたにも私のように幸せになってほしい」と願う時点で、願った相手が今のままでは不幸だと断言しているようなものですから、実に失礼なことです。エネルギーのコードを差すことは、他者に対する行動操作でしかありません。それは支配なのです。

ですから、もし成功者の近くに行った時などは、ご自分の尊厳のスペースを保って、その人のエネルギーから自立していることをオススメします。

成功者に陶酔することなく、公平に尊厳を認めあった上で、各自それぞれが自立していることです。

本物の夢は、あなたの想定外にある

要は、あなたが考えた夢や願望は、本当のところは偽の欲求かもしれない、ということです。

たとえば、あなたの願望が叶ったとします。その時は嬉しいでしょう。でも、一瞬の達成感を感情的に味わうだけで、また次の願望が芽を出してくるのではないでしょうか？　キリがありません。同じことを繰り返すだけです。

じつは夢や想念は、幾世にもわたって輪廻するのです。そして、あなたを偽の現実世界へと誘い込みます。その誘惑の前に私たちは意識を眠らせられ、覚醒を妨げられてしまうのです。真の自分でない、偽の自分が見た夢は、まさに白昼夢。「欲しい・欲しい」だらけの願いは、あなたの真の願いではありません。

じつは、真のあなたが、あなたの内側の中心から願っている夢があります。真の意識は眠らされているため、気付いていないだけなのです。そしてそれは、あなたの想像をはるかに超えた素晴らしい夢なのです。

誰かの夢を叶えることにやっきになってしまうと、本来あなたに訪れるべき、あなたの想像をはるかに超えた未知の世界はやってきません。

よく、「夢をありありと描きましょう」「あなたが想像できる夢が、あなたが見るべき夢です」というようなことが言われますが、もし、あなたが前もって夢や願望の中身をありありと思い描けるとしたら、それはすでに経験済みのものか、誰かの欲求です。

そもそも、私たちの根源的な本質である虚空は、「潜在する未知を既知にしたい」という意図を持っています。すでに経験した既知には興味がないのです。ですから、私たちの予期や想像を超えるような未知の内容、思考を超えるような未知を経験しようとします。つまり、あなたが前もって思い描けるということは、既知なのです。

夢や願望といったような空想にフォーカスし過ぎると、自分の純粋な空間からあふれ出す真の意志を見失うのです。あなたがそれに取り憑《つ》かれてしまうと、ソレ以上の未知なるものが、あなたを訪れる余裕のスペースがなくなります。

本質的な意識である虚空が見る夢は、色々な価値観やプログラムが刷り込まれた個人の頭には、全く想像がつかないものです。その瞬間になって初めて、内側から湧き上がるものだからです。

夢の成就や願望達成という「条件付き」でしか、あなたが高揚できないのだとしたら、それは「偽のワクワク」です。本物のワクワクや喜びには、何の条件もいらないのです。愛と喜びがもともとの本質だからです。

夢を持とうとか、目標を決めろとか、そういう他者からの支配エネルギー操作によって、私たちは真実とは逆のことをやってきたようです。それも大切な人生経験なのかもしれませんが、そのすべてが、幻の自己による、幻の夢見だったのです。もし、今あなたがガッカリしていたとしても、その反応すら、真のあなたのものではありませんから気にしないようにしてください。ガッカリさせるのは自我のメカニズムが発動しているからです。

あなたは、自ら理想的な何かに縛られなくても、やっきになって願いを叶えようとしなくてもいいのです。すべきことはひとつだけ。

本当にどっちに転んでもいいし、何が起きてもいい、という無色透明になって、愛と喜びと感謝の感覚で生きてさえいればいいのです。自分のポテンシャルを強く信じていればいいのです。大いなる意識が、あなたが見るべき夢、あなたがすべきこと、あなたの想像を超えた素晴らしき世界、本当に行くべきところへと運んでくれるでしょう。

個人的な目的と計画

私たちが計画を立て始めるのはいつからなのでしょうか。小さな頃から計画的に動くことを求められてきました。夏休みには必ず勉強の計画も立てさせられましたし、社会に出てからも事業計画書や売上目標などさまざまな計画が日々の自分たちを追い立ててきます。

旅行に行くときには旅行計画書が付き物ですが、計画書を作ったとたんに旅が終わったような気になったことはないでしょうか？　それは、計画書に今のエネルギーが投入され、今が過去へ流れてしまったからです。書いた途端に過去にものになっているからです。すると、今度はその過去をなぞるために旅をすることになります。

つまり未来を創っているようで、過去をなぞっているというわけです。私たちの人生もこれと同じように思いませんか?

計画を立てた瞬間から、それは過去になるということです。虚空は常に、瞬間瞬間、新しい世界を生み出しては破壊し、新生しています。

ところが、直線的な時間軸で生きている人たちは「今この瞬間を生ききる」ということを忘れてしまいがちです。

たとえば、ビジネスで成功したい人たちは、「いつか」を目的にします。成功しようと生きているだけでは、どんなに詳細な計画書を作ったとしても、本当のイキイキとした輝かしい「生」は発生しません。過去を引きずってしまったり、未来を見て、「いつか」の成功を目的にしてしまうから、成功できないのです。今という瞬間だけに意識を置いて、生きて生きて生きるからこそ、あなたは成功できるのです。

将来に関する目的だけでなく、自分の「外側」に何か特定の目的を求めては苦しむことになります。多くの人が悩み、苦しみながら生きるのは、ある目的や成功や野心を成就させようと企んでいるからこそです。それが成就されない場合(しかも成就されない可能性のほうが大)、あなたは苦しむのです。

「でも、成功を自分で決めて計画を立てたおかげで、本当に成功が手に入りました！」
とおっしゃる方もいるでしょう。

もし達成できたとしても、やはりあなたは苦しむことになります。なぜなら、目的を達成しても、じつは表面的なうわべの満足でしかなかったことが分かるからです。世の中の成功者たちが、突然「もう、富も名声もいらないから、自由にさせてほしい」とすべてを投げ捨ててしまうことがあります。自分が単なるガラクタを集めていただけだと、ふと気付いてしまうからなのです。

外側的な目標で豊かになろうとしていたら、あなたは「生」の本当の豊かさや愛を知ることができません。

誰もが豊かになりたい、と願いますが、豊かさとは何かの蓄積の多さではありません。**豊かさとは、今はもうどこにも存在しない過去に縛られず、まだ存在の気配さえしない将来のことも望まず、今という瞬間だけを全一に生ききること**を言うのです。そうすれば、どんな未来が来たとしても、「今」生ききることができます。今を強烈に無心に純粋に愛で生きていれば、明日を生きることなど、もっと楽に上手になります。

いつの時代でも年配者が「今どきの若い人は……」と言うように、「今の世の中は生きにくい」

と何千年も言っているのかもしれません。

自分たちがより生きやすいようにと文明が発達したはずなのに、いつまで経っても生きにくいのはなぜなのでしょうか？

それは、それぞれが決めた人生の目的や計画のせいなのです。目的や計画それ自体が悪いというのではなく、あまりにもそこに執着し、それだけを唯一無二の絶対的なものとしてまつりあげてしまうと、その執着そのものが自身を苦しめるエネルギーになります。しかも、ほとんどの人が多かれ少なかれ、世間や社会の価値観による幸福という概念を目的に設定しているにすぎません。

みんながみんなオンリーワンのオリジナルなのに、価値観だけは同じようなことを植え込まれ、競争しながら、その表面的な外側の幸福とやらを手に入れようと孤軍奮闘します。勝ち組は常に一握りの人たちで、大多数の人は敗北感を味わう、そんなこと、あなただって本当は知っていますよね？　その価値観の目的からは幸福は得られません。

この世に「目的」をもって生まれてきたとお思いですか？

じつは、「生」それ自体には、もともと決まった特定の目的はありません。と言うのも、あなたに起こるあらゆること、すべてが目的だからです。

目的や計画という言葉を使う時、私たちの意識は今この瞬間から抜けて、ありもしない将来へとズレて片寄っていきます。

本当の意味であなたに豊かさを感じさせる物事は、すべてを創造する虚空が創るのです。特定の目的を持つことがいけないのではなく、そこを絶対視する必要がないということです。特定の目的に縛られないということは、限りなく自由です。目的があれば、束縛されてしまいます。成就すべき使命やミッションができてしまうことで、敗北者になる可能性が大になるのです。特定の目的遂行には、すべからく失敗と成功がついて回ります。

絶対的な目的に縛られなかったら、どこへ行き着いても、何が来ても、すべてを豊かさとして受け取れます。将来なんかではなく、今この瞬間においての欲求を楽しんでください。今この瞬間に手にしたものを愛し、今この瞬間に出くわしているすべてを大切にしてください。

十和《とわ》（水平と垂直）

いまや映画ですら3Dが当たり前で、その感覚は誰でもつかめそうだというのに、なぜ、人生という時間は2Dでしか考えられないのでしょうか。これからは、立体的に3Dで深く生きていただきたいと思います。

人生を直線的な時間軸でしかとらえられないと、生まれてから死ぬまでを一本道しかないと考えてしまいがちです。過去と未来という直線的な思考の時間軸で生きてしまうのです。過去と未来という二極を結んだだけの平面で生きていると、立体的には生きられません。

たとえば、過去にできなかったことを未来に達成しようとします。

「ビジネスで成功したかったのにできなかったから、いつか成功したい」
「有名人になれなかったから、いつか有名になりたい」
「あの人のためにあんなに尽くしてあげたのに、まだ感謝してもらっていない」

いずれも、「いまだ、なっていない」という状態です。

自我は、過去の思考をもとにしており、過去に達成できなかった怨念を、「いつの日か」という未来へ「投影欲求」するメカニズムを持っています。

成し遂げるという正義の仮面をかぶった自我は、幼い頃から世間や家庭によって訓練され続ける自我です。

この世に生まれてきたからには何かを成し遂げないといけない。人格者にならないといけない（でも、まだなっていない）、世の中を変えないといけない（でも、まだ変えていない）、資産を得て裕福にならないといけない（まだ、なっていない）、有名になって故郷に錦を飾らないといけない（でも、まだ有名になっていない）、世の中に貢献しないといけない（まだ、貢献したカタチを残していない）…そんな風に感じたことはありませんか？

よく聞かれる質問のひとつに、こういうのがあります。

「この世に生まれた使命を教えてください」

「私の今世でのミッションはなんでしょうか？」

これらの言葉の中にも、何かを成し遂げないといけない、という強迫観念のようなものを感じないでしょうか？

じつは、この私も、自分の役割とか、使命やミッションを探しまくる時期がありました。色々な方に尋ねて、色々な答えやアドバイスをいただきましたが、どれもシックリきませんでした。そして気付いたのです。すごく崇高でスペシャルなことを使命だと思い込んでいたのだと。そして、自分も特別な聖人になろうとしていたのだと。

自我の頭に刷り込まれているような、何かしら特別なものだけが私たちの使命ではないのです。使命や役割というものは、表面的なカタチのことではありません。あらゆるものごとに愛を込めていくと、虚空の大きな目標に従って、私たちは自然とやるべきことへ導かれていくようになっています。

たとえそれが頭にとっては意味が分からなくても、バカにしたくなるようなことであっても、今ここでは電車に乗ることが使命であったり、お皿を洗うことが使命であったりするわけです。頭は常にカッコいいことを使命にしたがりますが、それは自己満足や我欲の域を出ていません。使命というからには、虚空からの使命ですし、そこにはカッコいいとか、目立つとかいったような優劣は全くありません。

使命とは、個人的な好き嫌いを超えたものです。当たり前の普通のこと（中立なこと）をちゃんとなすことなしに、頭が期待するようなスペシャルを求めても、うまくいきません。

かつて私は、ある先生から「どんなことでも心を込めて行い、全体のために生きなさい」とアドバイスされました。それ以来、そのような意識で生きていますが、それが真の使命というものだと実感しています。

自我は、何かを成し遂げたいという「思考」の支えを必要とします。幼い頃から世間や家庭によって訓練され続ける自我は、ユートピア志向であり、結果志向であり、目標志向であり、達成屋（成し遂げ屋）なのです。

今の自己の中心のことなど見向きもしないで、過去に成し遂げられなかったことに執着し、未来に成し遂げるべき夢として作ります（それはもしかしたら幻想かもしれないのに）。これでは、単なる平面の動きしかできません。過去と未来という二極を結んだ直線的な思考の時間軸ができてしまうと、より奥行きのある**立体的な生き方（３Ｄの生き方）**ができないのです。

このように、ほとんどの人は、２Ｄ（平面）で生きており、表層だけで平面的に生きています。２Ｄは、２つの極をつないだたくさんの直線で作られています（２つの極をつないだたくさんの直線、というのは、「過去－未来」という直線がいっぱいある、ということです）。

そして、この２Ｄには、あなたの過去の物語（それは、先祖データも含む多くの先祖から受け継いだ感情物語）が直線で数多く刻まれているのです。つまり、二極間の感情的な揺れ動きによるドラマティックな物語の世界です。そこでは、今この瞬間の物語は展開されません。

これが何を意味しているかと言いますと、あなたの体が、今なお過去の感情エネルギーだけで構成されていることを示しています。その古い自我の感情の体験を受け容れて、意識的に完結することを意図しない限り、平面的な二極世界から飛翔して、深い愛の世界へと垂直に（３Ｄ立体的）に進化することは困難です。

もうそろそろ立体的な生き方の世界へ踏みだしましょう。水平と垂直が交わった時（つまり「十」が「和」をなした時）に奥行が生まれ、永遠の「空」が現れるのです。

他人を気にしても、答えはそこにない

ほとんどの人が、自分のことについて常に誰かに尋ねるか、互いに尋ね合います。誰もかれもが自分自身の本性や本質が分からず、そして自分自身で情熱的に見出そうとしないために、他者に依存してしまい、手っ取り早く情報を集めようとするのです。占いや、他者のアドバイスや意見、価値判断がこれほど重大になっているのはそのためです。

他者は、あなたの外側しか分かりません。表面的な行動を観察することしかできません。あなたの究極の本質そのものを観察することは不可能です。素の自分自身（内なる究極の実在）に遭遇して、それを知りたいと望むなら、それができるのは、ただあなただけであり、いかなる他者にもできません。たとえブッダやキリストのような覚者であってもできないことです。ましてや、単なるヒーラーや霊能者、セラピストなどにできるはずがありません。せいぜい、そこまでの道すじをあなたに示すことしかできません。

あなたが自分自身を「少しは賢いはず」と思っているならば、いつかどこかで「あなたは聡明だ」と他人から言われたからです。つまり、あなたが「よりどころ」にしたのは他者の意見でしかなかったのです。あなたのことを外側から決めつけた最初の他者は、ほとんどの場合、親や家族ではないでしょうか。

ところが別の人から「あなたは意外と大したことない」と言われることも起こるわけです。このように他者は、あなた本来の気付きや洞察力、直観的な理解などをいとも簡単に左右し、壊すことができ、感情的に揺さぶります。そして、あなたは他者の言動によって一喜一憂し、聞こえのいいことを言ってくれれば嬉しく、そうでないならキライになるか、落ち込むのです。他者への好き嫌いなど、せいぜいこの程度のことです。

もう分かっていただけたと思いますが、**他人がどう思うか、どう感じるかを絶えず気にしているのは、あなたが「他者が解釈判断した自分」「誰かがレッテルを貼った自分」しか知らないため**です。実際、私たちは自分自身のことを「人格や性格」としてしか知らず、それは他人からの情報であり、単なる表層の自我でしかありません。よく「他人のほうが、あなたのことをよく知っている」とも言われますが、それは、表層の自我の部分で自分が見えてないというだけであって、本質的な存在としてのあなたのことではありません。実際の真実は何も知っていないに等しいのです。

あなたにあなた自身のことが分からないのに、いったい他の誰にあなたの実態が分かるというのでしょう？

外側からは、真のあなた自身を知ることは絶対にできません。見えるのは、せいぜい肉体と行動の様子くらいです。あなただけが、自分自身を内側から知ることができる唯一の存在です。内側から、究極の実在、真の自己、超越した意識という本物を知ることができるのです。

その本物とは、私たちが忘れてしまった、愛の意識のことです。そして、私たちが愛の意識そのものにならないかぎり、生を喜び祝いながら生きることなど不可能なのです。

本物のあなた自身を知らずして、本物のあなた自身を経験できないのなら、本当の純粋な生を知ることができず、今ここに生きている根本的な意味が全くないと言っても過言ではありません。本物のあなたが本当の人生を観るために、今ここに循環する「いのち」をいただいているのです。他者から作られた自分の観点や視点からは、本当の生が何であるかを素直に観察することはできず、体験もできません。

「いつか」の成功が叶う可能性

残念なお知らせです。
いつか成功したい。
どこかで成功したい。
そういう願望が叶うことは一生ないでしょう。
この真実をあなたに教えてくれた人はいましたか？

世間が真実を教えてくれないのは、世間が何も知らないからですが、ハッキリ申し上げて、あなたは「今後」、絶対に成功者になることができません。これは本当です。**あなたに可能なのは、今後ではなく、「今ここ」で成功することだけです。**

そのためにエネルギー的に必要なことがあります。それは何かと言いますと、人々や物事や色々な状況との間に個人的な駆け引きやエネルギー操作が介入しない「純粋な親密さ」を生み出すことです。

もともと私たちは、全体ひとつの存在である虚空から生み出されているため、お互いに自他もなかったのです。ところがいつの頃からか、虚空から切り離され、お互いが分断されていきました。そうなると、特定の誰かだけを選んで執着するようになっていくのもうなずけます。でも、一部の人たちとだけでなく、すべての人々と親密になっていくことが、お互いの内面の進化や、外なる発見をもたらすための大切な基盤なのです。

日常の色々な物事に対しても、動植物に対しても、そして関わりがある人々すべてに対して、心を込めて接していくということを、たった今から実践すると決めてみてはいかがでしょうか。そして、どんな人であれ、必ず変化し向上することを信頼してください。信頼は人に対する最高の思いやりだと思われませんか？　あなたが関わるすべての人々が、どんな方法であれ、彼らの人生を喜んで生きていることを信頼し、そのように見てあげてください。

今のあなたが、そして相手が、どんな状態でも、それを素直に認めていくことが大事です。それはお互いのスペースを、尊厳を持って認め合うということです。今の自分をあるがまま認めて、他者とは完全に異なっていてもいいのだと認めること、それがあなた自身のスペースを設定することにつながります。すると、他の人々も各自のスペースを保てるようになり、その人らしさを自由に表現できるようになります。

あなたが他の誰かのスペースにエネルギー的に入り込んだり、介入すると、彼らもまたあなたのスペースを操作するようになっていきます。人は誰でもやりたくないことを要求されると、エネルギー的に圧力をかけられていると感じ、離れていきたくなります。すべての人々と純粋に親密になりたいなら、相手をどうにかしようとする執着を引っ込めることです。その人たちのことを考えすぎないように努め、ご自身の人生を推し進めてください。

こちらから相手に対する「こうあってほしい」「こうであるべき」という操作的な思考をやめ、相手の自由をただ認めるという感じです。そして、自分の自由な思いもそのまま認めるということです。すると、不思議なことに、お互いにとってベストなことが起きます。

私の体験ですが、新しいマンションに入居する時、なぜか審査が通らず、イライラしていました。書類や、保証人など、どこにも手抜かりはなく、仲介業者さんも「こんなこと初めてです」と不思議がっていました。

私は「なぜ?」と、虚空に問いかけました。

すると、直観的に分かったのですが、マンションのオーナーに「早く審査を通せ」というエネルギーを出していたことに気がつきました。審査の会議場（相手のスペース）にまで、私のエネルギーが入り込んでいたのです。

「なんて失礼なことをしたのだろう」と反省し、すぐに「早く審査を通せ」という想念を引っ込めました。

その瞬間、電話が鳴り、審査が通ったという報告が来ました。

自分の気持ちを抑圧する必要はないけれど、相手のスペースにそれを押しつけることは、相手を混乱させるのです。

そして人間関係がうまくいっているかどうかをいちいち分析したり、チェックする必要もありません。

不思議なことに、ご自分をまっさらな真空状態（ゼロの意識）にすればするほど、人々はあなたに親密さを感じるのです。それなのに、ほとんどの人は真逆のことをするのです。

たとえば、あなたが誰かから何かを欲しがる時、つい、それを自分が与えてもらっている場面を頭に描いているはずです。そして、そういうイメージをすることで、引き寄せを起こすと習っていたりします。でも、それは相手の中にエネルギー的な抵抗を生み出し、描いていたことと反対の現実になるのです。

自分のために誰かが何かをしてくれることを思い描くのではありません。あなた自身が他の人々に何ができるのかを思い描くことが、本物の純粋な親密さを生み出すのです。これが、人生における「真の成功」ではないでしょうか。

ゼロポイント領域に意識を置く

過去、未来、今後、そういった今この瞬間ではないところに意識を向けると、いわゆる「気が散る」状態になります。愛のエネルギーがムダに消費されていくだけです。今ここに新しい未知の現実を起こすことが不完全になります。

今ここ以外の次元へ、あなたの意識エネルギーを分散すると、せっかくの生の喜びも分散しますから、「今ここ」にのみ、あなたの意識を置いてください。**時間が完全に停止しているゼロポイント領域に意識を置いてください。**今ここという瞬間だけが存在するので、生きていることの喜びがジワジワと感じられてくるはずです。今この瞬間だけが、いのちのエネルギーの喜びが展開している場なのです。生の喜びも至福も、今ここ以外の、他のどこで展開することもありえません。

ここでひとつ、エネルギーワークをしてみませんか？　ご自分の内面をよく感じてみてください。

今この瞬間、あなたの意識エネルギーは何％くらい、この体にありますか？

何％くらい、実家や他の場所に行っていますか？

何％くらい、好きな人や、大切な物のところに行っていますか？

何％くらい、買いたい物のところに行っていますか？

何％くらい、バカンス先に行っていますか？　好きな街に行っていますか？

何％くらい、過去世や先日のことに行っていますか？

何％くらい、嫌いな人のところに行っていますか？

何％くらい、トラウマの場面や、その原因である物事に行っていますか？

今ここの身体へ、それらのエネルギーをすべて呼び戻してあげてください。これが「今ここに在る」という状態なのです。


それから、多くの人の内面には、「特定の条件を（未来において）満たさない限り、幸福ではない。だから今は人生を喜べない」という強烈な思い込みプログラムがあります。それを本気で「我が本音」だと信じて疑いません。

生の喜びや至福は内側の充実のお話であって、しかも私たちは最初から愛と喜びのエネルギーで生かされているわけですが、単にそれを忘れているだけです。外側の要因は、あなたが重要視しなければ、あなた本来の愛と喜びと至福を壊すことなどできないのです。

生きている喜びや至福というものは、ほとんどの人がポジティブな感情のひとつだと勘違いしておられますが、その波動は感情とは全く異なります。生命の躍動そのもの、生の波動そのものを喜びと言うのです。ですから基本的に激しい波動ではありませんし、刺激的な興奮とも違います。実にニュートラルな高揚感ですし、自然な感覚です。

そして、生命の躍動の喜びや至福や安らぎは、今この瞬間に内なる虚空からギフトされている感覚ですから、過去や未来において創られるわけではないのです。つまり、今この瞬間に受け取る感覚であって、先延ばしした未来で受け取る感覚ではないのです。過去や未来という白昼夢のような次元には、イキイキした喜びも至福も安らぎも存在していません。そこに意識を向けても何の意味もないのです。

「ちっぽけな今」にある無限の力

さて、虚空が目指している、「全体愛として生きる」ということを説明しますと、意識が高まってきている方からは次のような声が上がってくることがあります。

「全体のために貢献したい気持ちは山々ですが、何をしたらいいのか分かりません」

「特にこれといってやりたいことが見つかりません。何か意義のあることをし、世界に役立つことがしたい。コピー取りやお茶くみはさんざんやってきましたが、もっと意味のあることをやりたい。やらねばならないのではないかと思うのです」

「愛を発揮したい！　でも、これといった能力もないし、仕事の面接に行く活力も出ないんです」

今までにも私は、このようなご相談をたくさんいただいてきました。

「お気持ちは痛いほど分かりますが、とにかく今を丁寧に生きてください」とお答えしても、「そんな悠長なことをしていると、何も成さずに人生が終わってしまいそうで、焦ります。生まれてきた以上、自分の秘めた能力を発揮できないような人生はイヤです」という反論が返ってきます。

何をするかばかりに意識が向いて、大切な目的のほうを忘れています。今という瞬間ではなく、「いつかの時点で何かを成す」というような、未来の未熟な時間（幽玄の次元）にばかり意識が向いたところで、未来のつぼみが今ここには開花できず、あなたは何も体験できません。目的の開花という瞬間は、常に今この瞬間にしか訪れません。

何よりも分かっていただきたいことは、内なる目的（愛の意識の覚醒と向上）を無視している限り、どんなに素晴らしく見える外部的な目的（カタチ）の達成も、必ず自我に支配され、大した発展はなく、時間の経過と共に壊れていくのです。

最も重要なことは、外部の目的や、何を成すとか、成したかではなく、その根底に流れている「意識の質」の状態です。内なる意識の状態は人生における優先的な目的であり、いかなる外部の目的も、この内なる目的を無視して成されるとしたら、結局はダメになるのです。いかなる瞬間であっても、私たち全員、公平な豊穣の時（富記）をいただいているのだということを肝に銘じ、ただ廊下を歩くだけの平凡な行為であっても、今ここに天意《あい》の質を伴わせ、意識を込めることを実践することです。


宇宙には例外はなく、すべての人の人生時間は宇宙的に公平であり、必ず小さなもの、単純なものから成り立っているのです。あなたにとっても、今この瞬間は、とても単純かつシンプルで、ちっぽけな小さい瞬間のように感じるかもしれません。でも、実はそこにこそ絶大な愛による無限の力が秘められていることを知ってください。

大きなことや壮大なことは、今この瞬間の、ちっぽけで小さなことを大切にすることの中から生まれてくるのです。**今という瞬間に、あなたの内なる愛の意識を真摯に込めるならば、意識と今とが完全に深く融合し、その時にだけ、無限の力と情報にアクセスすることができるのです。**つまり、あなたは今という瞬間を通じて、虚空からの大生命の叡智そのものにアクセスできるのです。いいえ、**虚空のほうから、あなたへアクセスしてくるのです。**

今この瞬間だけが、大いなる豊かさをいただくための「アクセスポイント」（＝ゼロポイント）なのです。あなたが意識を向けるのは、やはり今という瞬間であり、目の前のことだけです。今を、他の時刻や年月と比べて「くだらない」とか、「たいしたことない」などと見下しているならば、次の瞬間もくだらない空間を創ることになります。

やりがいを探す症候群

生きがいを見つけるとか、やりがいを探すといったような、何らかの変化を待っている状態というのは、意識の焦点が未来に置かれているわけで、今この瞬間に「変化へのエネルギー」が流れ込むことをジャマしているのです。今この瞬間を、すでに喜び楽しんでいる状態や行為でなければ、外部的な変化（進化拡大）も起こらないのです。今この瞬間に、喜びや楽しさが生じていないなら、今この瞬間の物理次元にそれらが流れ込むことはありません。だから、今ここがつまらなくなるのは当然です。

たとえば、毎日の仕事が「会社でお茶をいれる」だったとします。

「たかがお茶くみだから、誰も認めてくれない」「どうせ自分なんて、それくらいしかできないし」と思ったりしそうな気がしませんか？　つまらない仕事だから、誰も評価してくれないし、感謝の言葉もない……。それは、評価や感謝を期待している、ということです。つまり、外側世界から与えてもらえないといけません。

ところが、たとえ誰も認めてくれないとしても、誰も感謝の言葉をかけてくれなくても、評価も何も期待もせず、毎日淡々と「愛を込めて」会社でお茶をいれていたらどうでしょうか？ただ、目の前のお茶と向き合い、「今この瞬間」だけに集中しているとしたら……？　あなたの内側から放出されるエネルギーは、愛と喜びではないでしょうか。

結論を言いますと、何らかの行動や行為の中に喜びがあると思い込んで、そこに「やりがい」を見つけようとするのは、大きな間違いだということです。本当の喜びは、行為や行動それ自体の中にあるのではなく、あなたを通じて、行為の中へ流れ込ませるべきものだからです。行動の中へ流れ込むイキイキとした躍動感が重要なのです。

もし、喜びが、特定の行動や、特定のものごとの中に存在していると誤解するなら、あなたの喜びは、外側の何かから「もぎ取る」ものだという考え方になってしまいませんか？

実際、世間での考え方は、それがほとんどを占めています。とても危険でツマラナイ考え方です。そうなると、あなたの喜びも楽しさも、外側の世界から奪ってこなくてはならなくなります。あるいは、外側の世界から、あなたのもとへ訪れてほしいと乞い願うハメになります。こういう状態になってしまうと、欲求不満しか起きません。

なぜなら、**外側の世界は何も与えてはくれないからです。喜びも楽しさも、あなたの内側から外の世界へと、流れ込ませるものです。**つまり、内なる意識から、外なる地へ、送り込むものだからです。人生の重要な目的は、覚醒した意識の光（愛の喜び）を、この物理次元に持ち込むことにあるのです。その時、あなたの行動からは、どんなに些細《ささい》でシンプルなものに対しても、必ず天意《あい》の意識が込められていきます。したがって、とても質の高い（高次の）行為になっていきます。

虚空のエクスタシーは、愛において意識的であることの喜びです。「今ここに愛として目覚めて在り」といったような明晰な意識として存在できる喜びです。ハッキリと意識が目覚めているだけでも、自分が宇宙の中心になっていることが分かり、自分の内側から万物が創造されることがよく分かるからです。

もともとは、この覚醒した意識が、宇宙の主人公であり、人生の主役ですから、すべてを楽しくやっている、あらゆることを喜んでやっている、それがいかに大切なことであるかが分かってきます。そうすると、何かを達成することや、立派な人物になるということは、二の次となります。

愛に覚醒した意識とは、いまこの瞬間を大切に扱う意識のことで、そのような意識を持つことによって、未来のあなたはますます充実した人生を体験することにつながっていきます。実践していただければ、必ず分かるはずです。

愛の喜びとして「在る」

あれこれと「何かを成し遂げなくては」とか「自分の使命や運命は……」という思考の呪縛を超えて、本来の「愛の喜びとして在る」という本来の純粋な素の状態で、「今ここ」を体験するならば、あなたは今まで知ってきたことよりも、はるかに広大な至福と無限の自由を見つけることができます。

中立に「愛の喜びとして在る」は、いかなる概念も、言葉も、思考や分析や解釈もなしで、純粋な生命の躍動だけをあるがまま存在させている状態です。自分が何者であるとか、誰それであるとか、何歳であるとか、何年も過ぎ去ったとか、昨日はとか、将来はとか、「時」の概念や言葉を持たずに、「今この瞬間」を真新しいものとして受け取っている状態です。

もっと単純に言いますと、「私が在る」という考え方から「私」という主語を取り払って、「在る」という体験だけを残す状態です。生（いのち）は躍動しているし、存在はあるけれど、「私」

がない状態の時、秘されていた「真」が観えてきます。

「なぜ、生きるのか」
「なぜ自分は存在しているのか」
「自分は何を為すべきなのか」

もし、あなたが自分の存在理由を必要としているならば、それはただひとつ、**全体愛（万物一体愛）**と呼ばれるものだけです。アレになりたい、コレをやりたい、ソレでありたいなどの存在理由は、次々と別の欲求に取って代わられるだけです。永遠に常にずっとあなたと共にあり続ける唯一のものとは何かといえば、**さらに豊かな深い愛へとあなた自身を拡大させるような体験を何でも実践することしかありません。**

あなたが今までにもう体験して理解してしまったことは、やりたいという欲求を持たなくなるので、もう体験することは起きません。そして、**あなたが今から気付いていくべきことや、理解していく必要のあることは、あなたをワクワクさせる冒険となって、あなたを引導するのです。**世間的な限られた思考、限界を感じるような想念を超越して、心身をオープンにし、さらに途方もない経験を受け容れるに値する自分なのだということを認めてください。これは最高の愛なのです。

今ここに、ただ中立に「愛の喜びとして在る」という全一な状態で生きながら、その折々の自然で全体的な感覚に耳を澄ますならば、愛に関するさらに深い気付きと理解を得ることができます。無謀なことは考えずに、経験から経験へと丁寧に一歩一歩ずつ進むことです。そのためには、とにかく「愛の喜びとして在る」という生き方に慣れてください。

自分が行ったあらゆること、先祖のDNAのすべてを受け容れて愛してください。自分の経験のすべてが自分の人生に役立ってくれたのだと気付いてください。「愛の喜びとして在る」という状態は、あらゆる人のすべての行為、すべての思考と感情、すべての物や事をも内包しています。すべてが在るのです。

あなたがこの本にご縁があったということは、あなたは今回の人生で、ただ中立に「愛の喜びとして在る」ことを意図していくようになるでしょう。不愉快な現実を体験したり、不自然な感情を味わうような腹立たしい出来事がなくなっていくでしょう。なぜなら、あなたはすでにそういう経験を完了してしまっており、それらの体験がどういう感覚なのかをすでに知ってしまったからです。ですから、あなたが望まない限りは、そこに引き戻されるようなことはもうありません。そしてあなたは、さらに真新しい冒険へと進んでいくのです。

第5章

思考を手放し、感情を浄化せよ

非言語的なアプローチ

思考や言葉と離れてください。そうはいっても、これは人生をかけての難題です。一人で居る時でさえ、思考なし言語なしで過ごすことは難しいものです。

思考は常に浮かぶし、どこからか流れてきますから、そう簡単にはあなたを一人にさせてはくれません。ストーカーのようにつきまとい、あなたにまとわり付き、あなたを悩ませます。ブッダが悟りに至る直前に、悪魔の誘惑があったといいます。それはやはり思考の誘惑だったのです。

なにしろ、私たちの社会は思考によって物理的に発展し、知識も言葉によって生み出されました。そのくらい重要な働きを持っていた、便利な道具であったわけですから仕方ありません。

ただ、思考や言葉をすべてだと依存すると、片寄りが起きてしまいます。思考は制限的で部分的、表面的なものです。

つまり、言葉というものの働き、思考のモトである言語の性質が「特定の何か」だけを表すことしかできないということを肝に銘じてください。言葉や思考のほとんどが限りある表現だと思われませんか？　それを分かった上で使うのと、丸ごと依存して使うのとでは、自分の自由度が全く違ってくると思われませんか？

今のあなたが何気なく口にした言葉、それはどんな時にも当てはまる万能なものですか？どんなものにも、どんな人にも当てはまりますか？　どんな状況にも当てはまりますか？

無意識に当たり前のようにサラッと口にしたり、頭の中で繰り返す言葉、それはあなたに「しばり」を与えていないでしょうか？

というわけで、あらゆるすべてに当てはまる言葉なのか、普遍的な言葉なのかということに気付いていただければと願っています（たとえば、「空《くう》」「愛」「無限」「光」「ゼロ」といったような言葉は、あらゆるものの根本的な本質であり、そこには特定の片寄りはまったくありません。まさに真言といえるでしょう）。

たいていトラブルや問題は、思考や言葉から生じるものです。嘘や誤解、嫉妬や妬み、そねみ……すべて思考から発生し、言葉となり、人間関係をぐちゃぐちゃにします。思考は一箇所への決めつけ、です。決めつけて、その一点をどんどん深堀りしていきますから、そこばかりが奥深く掘られていくことになります。そうなるとどうでしょうか？　広い中立な視点は失われます。深く掘られた周りが見えない穴の中で、分析や解釈を始めてしまうのですから、片寄らないわけがありません。

こういった狭い穴の中にいる状態を超越していくには、そのままありのままを「いい」とか「悪い」とか分析をしたり解釈をしたりせず、単に観察すればよいのです。物事を言語化せず、分析をせず、ただ素のままの「生」を観ることを意識してみてください。

そのためにも、少なくとも、一日のうち最低でも一時間くらいは、非言語の状態、無思考の状態になってみましょう。一人の時間を持つことが何よりです。一人になって、頭の中の思考から距離を置きます。この時点で、世俗の操作から自由になっています。人間が人工的に創りだした不自由な束縛の想念から自由になり、大いなる全体へと溶けこむことになります。

頭の中の思考や、口にする言葉から距離を置き、今ここのすべての物事を、分析や思考なくトータルに観るようにするのです。その時、あなたは不自由な思考の想念から解き放たれ、中立で片寄りのない世界へと溶け込むことになるのです。それが普通に当たり前に、常時できるようになっていってください。

思考や言葉がやってきても放置しておいてください。否定しなくてもいいし、抑圧しなくてもいいし、ましてや闘う必要もなく、ただ他人事のようにそっと放置し、協力しないでください。思考を何とかしようとすると、その思考に対抗するために、さらにたくさんの別の思考が必要になるからです。

言葉を身体に残さない

ある朝のことでした。爽やかで優しい繊細な声が、私にこう言ったのです。「言葉や言語についてだが、一文字たりとも自分の身体に残すな。たとえ一語であろうとも、その重さが引力になって、自我の輪廻の道に入る」と。つまり、人と何らかの話をしたあとや、自分の頭に何らかの言語がよぎったあとは、身体にも、頭にも、一文字も残すなということです。

それは、相手の言葉に関しても同じです。「あの時、あいつはこんな言葉を言っていた」とか、「あんなことをした」とか、それを質草《しちぐさ》のように、後生大事に保管しなくていいということです。

私たちは生まれてからずっと、言葉と共に育ちます。おなかの中ですでにお母さんの身体を通して周囲の音を聞いていますし、誕生の瞬間は「オギャー」という声（音）と共にこの物理次元の世界に降りたちます。この世界を去る時も、肉体で最後まで残るのが聴覚だと言われています。言葉を聞き、言葉を話し、言葉を見て、生きていくのが私たちなのです。誰かの言葉から気付きを得ることもあれば、傷つくこともあるでしょう。怒りにふるえることも、憎しみの炎に苦しむこともあります。そして、いちど心の深くに刻み込まれてしまった言葉は自我となって、私たちを縛り始めます。特に傷ついたことや怨みや妬みのような言葉は、過去を引きずるエネルギーのひとつとして強い力を持ち、「今」を生きられなくなってしまいます。

以前、鳥取の白兎神社で、「自分の中に、ゴマ粒ひとつたりとも自我を残すな」とメッセージをいただいたことを思い出しました。「ああ、そうか。**一文字たりとも言葉や思考を残さなくていいし、握りしめなくてもいい。それは限界と制限を創る種子になる**からだ」と心底から腑に落ちた瞬間、全身が驚くほど軽くなりました。「虚空がいかに雄大な沈黙であるかに気付きなさい」というメッセージもいただいていましたが、静寂な沈黙空間こそが真の言葉で、その静寂な沈黙の空間から、愛と叡智の創造が湧き起こることが理解できました。

この空間こそ虚空であり、そこには一切のカタチも思考もないため、あなたが言葉というカタチや思考につながってしまうと、その領域にアクセスすることができません。あなたが意識を向けるのは言葉ではなく、自分の身体の中の静寂な空間（虚空）です。思考やカタチ、時間を超えた領域にアクセスすることができるのです。

なにも苦しみや怒りの言葉だけでなく、大切な何かを聞いて気付きが起こったり、深く納得することができた時も、それらの文字や言葉は手放してください。あるいは、自分が話した（放った）ことも、流し去ってください。気付くことが目的なので、そのあとはそれらを放置し、気にしないことです。特定のものに後生大事にしがみついていると、さらなる深い気付きがやってきても分からないからです。

これによって過去を引きずらないということです。あなたの身体の中に何らかの言葉を残すと、それはあなたの中に収納されて、プログラム化されていきます。それによって制限され不自由になるだけでなく、あなたの中で、自我、エゴ、個人という「偽の中心」が形成されて肥大していくのです。

真の言葉とは、本来、「全体にとって有効かつ有益な言葉（意見や提案）であるはずのものなのです。

相手の中にも神を観る

同じようなことを他の人にされてもなんともないのに、アイツにされると腹が立つ、ということがありますよね。そういう人に対して愛でもって受け容れてください、とお伝えしてもなかなかできないかもしれません。

ですが、できないという自我の声にダマサレてはいけません。その声と一体化しないでください。それは真のあなたの声ではありません。自分のもっと奥の、そして嫌いなアイツの奥深くにも、あなたと同じ愛の中心があることを思い出してください。その中心の愛だけを観るようにしてください。

よく、自分が嫌いな相手には、自分にも似たものがある、と言われます。ですが、嫌いな相手だけではなく、どんな相手でも、相手の中に観るものは必ず自分の中にもあります。私たちは元々ひとつだったので、皆同じものを持っているのです。

つまり、相手を受け容れるということは、自分を受け容れるということでもあり、この世の生きとし生けるもの、そして物質まですべてを受け容れるということでもあるのです。これは自分自身の意識の次元、そして意識の質を確実に上げてくれます。

いつまで経っても、愛で受け入れることができない方は、自我の轍《わだち》にハマったまま、ラットレースのように感情ゲームから離れられないのです。くるくるといつまでも同じ平面の場所を走り回ってるのです。自分の波動も自我レベルでしょう。他者を「自我としての人間」としか観ていないように思います。そのように観ることしかできないのです。すべての存在は、一瞬一瞬で変化し続けている意識存在であり、進化途中の神聖な存在なのだと忘れないでください。

他者を神聖な存在として敬うならば、自分を神聖なものとして敬うことにもつながります。

それを実際に実践している方の一例です。

以前、雑誌で拝見したのですが、天皇の調髪師の方のお話です。その方の祖父も父も、ご調髪を行う前日には、冬でも必ず冷水を浴びて、身を清めていたそうです。彼も同じようにそれを続けているとのことでした。

その方いわく、「調髪師と聞くと、単に髪の長さを整えるだけの仕事と思う人が多いかもしれませんが、人が人に直接触れるという【なりわい】は、細心の注意と敬意を払いながら行うもの。健康状態や御心のありようまで、櫛やハサミを通して伝わってくる。人が人に直接触れることに敬意を払い、相手の心や身体の声を聞くのは当たり前です」というようなことが書かれていました。

この方は、相手が天皇であれ一般人であれ、おそらく同じ思いで接しておられるはずで、あらゆる人を神として観るからこそ、すべての人を敬うことができるのだと思います。

相手の本質にフォーカスすることは、自分の本質にもフォーカスできて、そこを強めます。人格や性格や、ましてや表層の見た目などに惑わされることなく、もっと奥の内なる中心を観ていくことは、何よりの進化だと思います。

すべての方々の人格（自我）の部分を超えていき、ずっと奥に隠れている霊的な本質、ここを観る目を是非とも養って強化していってください。その人の中核を見る、素直に「愛の意識の存在」としてみなすことを意識してください。たったそれだけのことですが、このレッスンによって、あなたの第三の目が開き、中立な透視や透聴ができるようになります。高次のメッセージも分かりやすくなります。

思考パターンを断ち切る

そろそろ、繰り返しはやめにしませんか?

私たちはすでに何世代も繰り返してきました。行動習慣も、思考パターンも。それらは繰り返すたびに、私たちの内面で何層にも重なり地層のように固くなり、強化されていき、次第にそれなしではいられなくなるのです。そして、さらなる繰り返しを欲しがるようになります。

他人を思い通りにしたくなる。自分の言うことを聞かせようとする。

力ずくでなんとかしようとする。押して押して押しまくる。

この他者や現実を自分の思うようにコントロールしたくなる、まるで発作のような、どうにもできない衝動は、あなた一人ではなく誰もが持つ、カルマ的な習慣です。

私たちは長いこと、力をもって相手を支配下におこうとする男性的な原理のもとで生きてきました。表向きは、そんな風に見えない人でも、必ずこのような男性性を持っています。
ですが、今こそ、そのパターンを変える時です。
コントロールしたいという衝動を手放して、一瞬一瞬のすべてを「それでいい」と受け容れてみるという方向へ意識を向けてみませんか。

何しろ自我は、パターン化された行動をとることが正常だと感じています。先ほど、轍の上を自動運転するマシンのように生きてしまう、と申し上げましたが、それはこういうことです。プログラムされた通りに動くことが正しくて、そうでないものは異常なのです。

私たちは見るものすべてを判定したくなるようになっています。自分のことも他人のことも物事も、すべてを常に二極化して、判定したり、解釈したり分類したくなってしまうのです。「これは正しい」「こっちのほうが優れている」など、無意識に瞬間的に善悪の判断をしたり、正誤の判定をしたりしてしまいます。知らず知らず優劣の判定をしたり、自分にとっての有利不利を見極めます。そして、既知のものに分類し、カテゴリー分けしたり、レッテルを貼るのです。この二極性の中であまりにも当たり前に生きてきたので、判定できない、レッテルを貼れないでいると安心できないほど中毒化してしまいました。

レッテル貼りによって、未知のものではなく、既知のものになるからです。自分が安心できるのです。これで正しいのだ、と。

そのパターンはあまりにも長い時間をかけて培われてきましたし、あまりにも多くの人たちがそのパターンで生きているので、安心で安全です。

でも、そろそろ、**自他や物事を判定して、そこにレッテルを貼る常習性のパターンをやめてみましょう。**

何世代にもわたってプログラムされた轍の信念体系を断ち切る、同じパターンで生きるという常習性を断ち切る時がきたのです。

内観で得られるもの、得られないもの

思考を手放そうとした時、まっ先に瞑想を思いつく方もいるでしょう。

スピリチュアルな世界を探求する方のほとんどが、一度は瞑想や内観の体験をすると思います。でも、それを毎日の宿題のように習慣づける時、思わぬ落とし穴があることを知っておいてください。

というのも、むやみに内観を繰り返していると、次から次へと表れてくる思考や感情に振り回されてしまうからです。

私たちの毎日は騒がしく、自分事にも他人事にもいっぱいいっぱいな上、情報の渦の中で生きていますから、外界のことに意識を奪われがちです。静かに思考や感情を見つける時間も暇もないので、たまに瞑想のために目を閉じて座ると、世間の様子を忘れることができます。そして、思考に対して敏感になり、感情や想念も鮮明に見えてくるのです。

この静かな環境で得られることは、次から次へと表われてくる思考や感情ですが、そうなると結果的に自分の自我を見つめてばかりの時間になることにお気付きでしょうか？

そして、表面化した思考をなんとかしようと分析したり解釈したり、が始まってしまいます。

そういう瞑想を続けていると、どうなると思いますか。

目を開けている時でも思考に敏感になり、ふだんの日常生活においてさえ、思考なしで生きることができなくなります。

何をするにも思考だらけ、分析だらけ、解釈だらけになって、常に方法やノウハウを考えてしまうようになります。いつも理由や原因を考えてしまうようになります。これが自我であり、神経症のような状態になっていきます。

つまり、自分の内側の本質を感じようと思って始めた内観という作業なのに、どこまでいっても自我の発見しか得られない、つまり本質的には何も得られない、ということになりがちなのです。

瞑想の真の目的は、思考につぐ思考を、あるいは感情につぐ感情を長々と見つめるためにあるのでもなく、思考がやがて静まること（内面が落ち着くこと）のために行うものでもありません。想念や感情エネルギーを見つめている「何者か」に気付くためです。

その観察している純粋な無の意識こそ、虚空です。

虚空という究極の目撃者に気付き、一つの思考というものが「どこから」生じるのかを見極めることができたなら、それで完了すべきなのです。思考が「無の空間」から出てくることを知り、また「無の空間」に消えることが分かれば、それで充分です。あなたの目の前でいずれ消えていく思考や感情なら、それは「あなたそのもの」ではないことが理解できるはずです。

人の生は瞑想なり

そもそも瞑想は、座禅を組んだり、目をつむって黙想する技法の形式のことではありません。たとえ一時的に、言語や思考や雑念を沈めるような技法を使ったところで、思考や雑念から抜けられないならば、瞑想ではありません。あなたの中に、前もって思考や言葉が存在する限り、瞑想状態ではありません。ぼ〜っと眠ったような意識や無意識も瞑想状態ではありません。明晰な気付きの状態の意識になっていることが瞑想であり、思考や言葉がすべて解体されることが瞑想なのです。

もっと簡単に言うと、瞑想は目覚めた愛の意識による「生き様」のことです。愛の意識を込めて生きることが瞑想なのです。

私たちは毎日、言葉にまみれて暮らしています。

たとえば、何かを見て、すぐに頭の中で言語化するクセがありませんか？

海を見て「わぁ、綺麗！」とか、だれかの様子を見て、「なんであんなことするのかしら」とか。

大抵の人は、このように見たもの、聞いたもの、感じたもの……それらをすぐに言葉に変えています。この絶え間ない言葉への変換により、言語化して思考する自動ルートができてしまいます。意識的にではなく、無意識にこのルートに乗ってしまうようになるのです。

言葉は気付きやメッセージを遮断してしまいます。虚空とあなたをつなぐ障害物になってしまうわけです。どうか、言葉にすがらないでください。

この世は、人間だけのものではなく、自然と動物、植物たちとの愛の交歓の場でもあります。

朝日が昇り、夕日が沈む。花が咲き、雨が降る。人々が往来を歩き、鳥が空を飛び、車が走っていきます。山にも川にも、木々や風たちも共にあります。それらを見て、それらを純粋にただ感じる、そこに深い溶解が起こり、見聞きするすべてのものと、あなたという存在が溶け合います。それだけでいいのです。そこにあるのは「愛」です。日の出も日没も開花も、言葉などではありません。それらは生きて変化する実在であり、一期一会の生のありさまです。その重大な事実にもっと気付かなければならないのです。

もちろん、一般社会や世俗は言語なしでは成立しません。必ず言語の介在を必要とします。独りの時は、言語と思考から離れることが必要になります。全く言語なしで生きていけという意味ではなく、言語化や思考化のメカニズム・スイッチを点灯したり消したりする使い分けができるようになっていただきたいと思います。

不純な感情VS純粋な感情

思考や言葉に振り回されてないで欲しいと書いてはきましたが、意外にも、人はさほど思考に従って生きているわけではなく、より感情に支配されて生きているのです。**あなたの行為のほとんどは、感情に影響されています。**

あなたは何かを考えていても、時が過ぎれば別のことをしていることに気が付きませんか？「もう二度と感情的にはならない」という思考を持ったにもかかわらず、いったん感情が湧き出すと、さっきの思考など脇に追いやられて、感情的になってしまいます。

これは、思考と感情エネルギーのあいだに根本的な違いがあるからです。感情には、思考など太刀打ちできないほどの強いエネルギーが内包されているのです。

感情は、思考よりも深いところに抑圧されていきます。霊的な旅(神ながらの道)や瞑想においては、思考の浄化よりも感情エネルギーの浄化のほうが役に立ちます。生における活動のほとんどが、感情の世界に端を発しているからです。

あなたの人生では、いかなる種類の感情があなたの感情体を突き動かすのでしょうか?
恐怖や不安によって、感情体が揺さぶられがちですか?
怒りや憎悪から火山の噴火のようなエネルギーが湧き出てきますか?
嫉妬やねたみから、パワーが溢れてきますか?

そういった、いわゆるネガティブな感情に引っかかりやすく、そちらの感情を強く認識しがちですか? つまり、負のエネルギーの源になるような感情のほうから、より多くのパワーエネルギーを得ていますか?

どんな感情によって、感情体が影響を受けやすいのかを見つけ出してください。

あなたにどんなに強いエネルギーを与えてくれるにしても、不安や敵意、憎悪のエネルギーしか知らない人は、残念ながら究極の生のパワーを知ることはないでしょう。古今東西、昔から多くの物語で描かれてきたように、愛のエネルギーの前では、どんなに強い負のエネルギーも太刀打《たちう》ちできないからです。だいたいこういう物語の終わり方もご存じですよね。愛のエネルギーの「目覚めさせ方」「引き起こし方」を知らない人は、敵意や憎悪の場面でしかパワーを感じられず、愛の場面では、まるで何かに負けたかのように弱々しく感じられてしまうのです。ここで言う愛のエネルギーとは、すべてをひとつに統合している虚空の愛でもあります。

なぜ、このような負の感情を引き起こすことで強い力を感じていこうとするのでしょうか。じつは、そこにあるのは死への恐怖です。これがあるために、怒りや敵意や憎悪の感情を引き起こすことで、強い力を感じていこうとします。怒りや反発や憎悪の境地にいることで、生きる不安や死への恐怖をごまかすのですが、これは偽のパワーでしかありません。

これまでの人類の歴史と国々の歴史は、私たちが敵意のエネルギーの生み出し方しか知らないことを示唆しています。表面的に自分の国を強くしたければ、敵意と憎悪を創り出すことに尽きるのです。身を守るために、自分がやられることへの恐怖心をごまかすためには、憎悪や敵意という多大な感情エネルギーを生み出すことが早道でした。それだけがパワーを感じるための唯一の苦肉の策だったのです。

では、感情を浄化するにはどうしたらいいのでしょうか？

感情には4つの側面があり、まず全一愛そのもの（逆に、そのエネルギーが反対方向へと向かうと、憎悪や敵視になります）。次に慈悲（反対方向に向かうと、拒絶です）。そして、快活さ（反対方向へ向かうと不安や陰鬱）。最後に、感謝（反対方向に向かうと、恩知らず）となります。まるで表と裏のように相反するエネルギーが存在しているわけです。

「純粋な感情」を人生の中に引き起こして取り込むことができるなら、あなたの感情の浄化はすべからく完了です。

あなたが憎悪の境地でパワーを感じるクセがあれば、宇宙にはないような不純で不自然な感情に支配されているということです。

この不純な感情が強ければ強いほど、あなたは内なる自分とつながれなくなります（これでは覚醒とは反対の方向に向いています）。「愛の源泉」は内側にあるのですが、あまりにも不純な感情ばかりを引き起こす方法しか知らないため、そこにしがみつくからです。ここで一念発起して、純粋な感情を引き起こしていくチャレンジをすると、感情の浄化が起きて、究極の創造パワーを知ることができるようになります。

憎悪や敵意などの不純な感情は、必ず相手を必要とし、相手と関わっています。憎悪は外側から引き起こされ、外側でつくられるのです。ところが、愛は外側に誰もいなくても、あなたの内側で生まれます。もともと備わっているから、外との関わりを必要としません。

霊的な道を歩むには、「感情の浄化」が最も基本的なポイントとなります。

やられた？　やられてみた？

なぜ感情的な苦痛から脱することができない人が多いのでしょうか？

それは、やはり感情的な苦痛（周波数のひとつ）を「自分の感覚だ」と錯覚しているからです。あなたが苦しいのではなく、感情体が苦しいと言っているのです。あなたが憎んでいるのではなく、感情体が憎いと叫んでいるのです。あなたが落ちこんでいるのではなく、感情体が落ちこんでいるのです。あなたがふてくされているのではなく、感情体がふてくされているだけです。感情周波数を放つ感情体が、あなたという意識に向かって、「こんな不自然な周波数のままで放置しないで！　何とか受け容れて進化させて！」と呼びかけているだけなのです。

そもそも虚空は、なぜ感情的な苦痛を創造したのでしょうか？　単にそれを知るためでした。とにかく虚空は、あらゆる創造物のすべてを知りたいと思ったからです。

ところが、私たちは、虚空の子としてのゼロ意識であることを忘れ、自分が無形であったことを忘れ、有形のほうを自分だと勘違いし始めたのです。ですから、感情の体というカタチから放たれる周波数を、あなた自身が放つ周波数だと勘違いしたのです。そうなると、この苦痛を「癒やそう」と思うようになるのも当然です。でも、「癒やそう」と思った時点で、癒やしの反復ゲームになるだけです。

あなたは何者でもないということ、決して感情体というカタチの側ではないことを思い出してください。そして、感情体のカタチが放つすべての「周波数」を祝福し、「栄えあれ」と受け容れることで、苦痛の周波数でさえも「真善美愛の周波数」へと昇華し、発展させられるのです。

次に気付くべきことは、これが最も大事な点ですが、あなたという意識が、感情的な苦痛を「二度と創造する必要がない」ことを肝に銘じ、苦痛が「反復創造」されるシステムを知っておくべきだということです。

反復創造される理由はただ一つ。あなたの意識が「犠牲者」「被害者」のままだからです。

自分を犠牲者だと解釈した瞬間から、繁栄の錬金術とは真逆の苦痛反復が起こるのです。この苦痛反復から出るには、犠牲者という見方をやめ、中立な視点に戻すことです。これを分かりやすく説明させていただきます。

じつは、この真理を教えてくれたのは一頭の「龍」でした。10年ほど前に、名古屋で透視講座を行っていた時、受講生の実習を何気なく見ていたら、急に目の前の空間に、下半身だけが土に埋まった龍が見えました。

「?」と思って、そのまま見続けていたら、面白いことが分かったのです。

龍自身が「土に埋められた」と思った瞬間、その土はガチガチのコンクリートみたいになり、土だけでなく、彼の周囲の空気までもが固くなって、龍の下半身は「抜き差しならない状態」になりました。出ようとしてもがいても、全く出られないのです。

次に、龍自身が「土の中に入ってみた」と思った瞬間、土はソフトになり、周囲の空間も和らいでしまい、土の中であれ外であれ、彼の思うがまま自由に出入りできる状態になったのです。

「わあ! そういうことか」と納得してしまいました。じつに忘れられないビジョンでした。

自分自身を、被害者だとか犠牲者だと見なした瞬間、もう何をやってもそこからは出られないのです。


貧困による犠牲者、病気による犠牲者、感情エネルギーによる犠牲者、運命による犠牲者、他者による被害者、そう認識した瞬間、あなたは延々と助からないわけです。犠牲者の思考である限り、あなたは抜き差しならないままですし、憎み続け、恨み続ける感情を創るだけなのです。いかなる聖者であっても、誰もあなたを土中から外へ出してあげられないのです。

たとえば、「誰かによってやられた」という思考になる時、あなたのパワーは相手に行ってしまい、永遠に取り戻すことができません。しかも、反発や、怒りが湧きます。

ところが、「やられてみた」という思考に変えてみてください。いかがですか？　あなたのパワーはあなたの手中に残っていませんか？　しかも、何だか笑えてきませんか？

あなたが「裏切られた」という思考を持つ時と、「裏切られてみた」という思考、あなたにとっては、どちらがパワフルですか？

この微妙な身体感覚の違いが分かれば、犠牲者的な思考が、いかに私たちからパワーを奪うものかが、ご理解いただけると思います。「救われよう」などと思う前に、犠牲者の意識をやめてください。お涙ちょうだい的な配役を演じることは、もうオシマイにしましょう。

先祖データは輪廻する

私たちは誰でも、過去を生きた先祖がいたから肉体的にふたたびこの世にやってきました。

先祖のDNAはじつは肉体的な遺伝だけではなく、私たちの中心にある意識にも影響を及ぼしているとご存知でしたか？

それを先祖DNA（先祖データ）と呼ぶ人もいます。

感情は、あなた個人から自然発生的に生まれたものだとお思いでしたか？

じつは、感情とは、過去のお知らせなのです。過去に何があったかというデータ、先祖たちがどういう状態で生きていたかというデータ、それを知らせてくれる大切な「サイン」が感情です。

共感能力の高い人（エンパス能力者）ほど、感情エネルギーには敏感です。日本人は特にそうです。そんな敏感な人の本質的な「意識」が眠っている場合、非常にやっかいなことが起きます。人よりも感情に反応する分、「意識」がそこに呑まれ、おぼれながら、感情の嵐と一体化して、酔ってしまうのです。

つまり、**先祖DNA**のサインを敏感にキャッチしたまま、そこに呑まれてしまい、先祖DNAをゆるめることができません。すると、その先祖と同じような自分自身を繰り返すことになってしまうのです。つまり、**自我の輪廻**が起こるということです。

感情を中立に観察できず、感情の原因になっている「先祖データ」に気付くことができないと、先祖データ（DNA）を解放できないのです。

お盆の時期になると、「取り立てる」「取り立てられる」という先祖の怨念DNAがうごめきやすくなります。古い時代、お盆や年の暮れには、お金の取り立てが厳しくなるのが常でしたから、そのデータ通りのことが、発症するのです。具体的な現象として起こっていなくても、自分の体内でその血が騒ぐことがあります。そして、まさか、それが先祖や過去世からの

DNAパターンの繰り返しだとは思いもしません。現在の自分だけに起こっていると感じてしまうのです。

私の身近にも起こりました。年金生活者のAさんが、知人のBさんに、10年も前に貸したお金を「今、返せ」と言ってきたのです。でも、10年前、Bさんは一気にではないものの、返しています。Bさんが「返したよ」と言っても、「いや、返してもらってない」とAさん。双方を知っている冷静な人物によれば、Aさんの記憶違いなのですが、コトはそういう次元の話ではないのです。まさに、DNAの暴走です。

Aさんは相当のエンパスで、感情に敏感ですが、「お金を取り立てたい!」という「先祖の感情」を「今の自分の感情」と信じて、そこに呑まれてしまったのです。まさにお盆の時期である今、先祖の怨念DNAが、Aさんの体内で感情的に騒ぎたて、無意識のAさんはエンパス状態になったわけです。私たちは意識存在として覚醒していないと、つまり意識としての自覚がないと、こういう羽目になります。

せっかく体内で感情が教えてくれる古い過去のデータがあるのだから、そこにフォーカスし、ちゃんと観てあげて、その怨念DNAに感謝と祝福を送ることで、身体がゆるみ、元気になり、生きる本気があふれてくるのです。

あなたが、誰かによってお金を「取り立てられる」ような境遇であったり、逆に「何がなんでも取り立ててやる！」と執着するような感情が湧くなら、それらは先祖ＤＮＡの反復の可能性があります。そんな反復のカルマに入ることのないよう、ご自分の意識を明確に保ってください。

そして、あなたの身体の中にある先祖ＤＮＡを理解し、感謝して、ゆるめてあげてください。先祖が感情的に言いたかった思い、それを知ってあげ、そのように苦しんだ歴史を理解してあげるだけで彼らのうっぷんが晴れ、ギュンギュンにきつくなっていた先祖ＤＮＡがゆるやかになって、感情が解放浄化されます。

それをすることによって、身体は喜びに満ちあふれ、高次の愛の周波数だけを世間に放つことになっていきます。そうなると、あなたが何をしていようが、いまいが、あなたの存在自体が愛と喜びのエネルギー存在へと変貌を遂げていることでしょう！

その恋愛、先祖がつくった脚本かもしれません

あなたは先祖から受け継いでいるＤＮＡの中にある脚本をもとに、自分という役を演じています。あなたが「これが自分だ」と思っている人物像や、「これが今の自分の思いだ」と信じ切っているものはすべて、あなたの自我の思考による創造物であり、とてもリアルに見える

偽造品です。そして、この脚本は「感情的な脚本」なのです。

ほとんどの方が先祖から受け継いでいる脚本の代表格は、なんといっても恋愛ではないでしょうか。時には刃傷沙汰まで起こしかねないような激しい感情が盛りだくさんに用意されていて、何回生まれ直しても、この脚本に従って人生を演じてしまいます。たまらない魅力があるのでしょう。

そして、脚本にすぎないのだということも忘れ、時にはハイになり、時には落ち込み、ヘトヘトになるまで繰り返します。

先祖から受け継いだ脚本とはいえ、その脚本のすべてを今回の人生だけで演じるわけではないのですが、うっぷんが晴れるまでやり尽くそうとするのです。その脚本のあまりの秀逸さに自らが酔ってしまい、延々とそれを演じて一生を送るのも決して悪いことではありません。でも、もしもあなたがそこに苦しみを感じ、出口のない迷路のように感じるなら、そろそろ潮時ではないでしょうか。

私自身は若い頃に、この脚本に関しては早めに気付くことができました。「なんとなく次の展開はこうだろう」と分かってしまうのです。そして、ずっと繰り返してきた脚本から距離を置いて眺めるようにしているうちに、その演目がつまらなくなってきました。そうすると自然に意識が目覚め始めて、古い脚本とは無縁になっていったのです。

あなたの真の意識が、我を忘れて、脚本に沿った感情に酔いしれているだけなのです。自分像という夢、世間があるという夢、他者との敵対関係というドラマ、そこから湧いてくる激しい感情の起伏に酔いしれ、感情ドラマをリアルだと信じているだけなのです。

つまり、実に皮肉なことですが、思考が勝手に創り出した感情的な脚本が、あなたを悩ませ、苦しませ、葛藤させているだけです。自己像の夢と現実像の夢というストーリーを見ているだけであり、それらはリアルではなく、そんな不自然な現象は、今この瞬間の宇宙のどこにもありません。ですから、真の意識の覚醒のためにも、あなたの感情的なストーリーの前後を断ち切って、純粋な今というゼロ（真の中心）に意識を置くクセをつけてください。あなたの意識が純粋なゼロ意識に同調すれば、愛の意図を発動しやすくなり、あらゆる不愉快な感情から解放されるでしょう。

感情の「癒し」をするなかれ！

感情の浄化が人生の大きな課題だという話を続けてきましたが、「感情を癒さなきゃ」とか「癒やそう」と意図した時点で、あなたはとんでもない中毒のワナにハマってしまいますから、ご注意ください。

なぜなら、感情を癒やすのは、ヒーラーでもセラピストでもなく、そして、いかなる技法でもなく、あなたの脳内から出る「死のホルモン」（モルヒネ）によってなのです。このホルモンは苦痛を麻痺させるので、心地よいカタルシス（偽の喜び）を感じる仕組みになっています。脳が快感を味わうのです。私たちが肉体死を経験する時と同じ仕組みですが、脳をだますことによる快感なのです。いのちの躍動によるエクスタシーとは全く異なる快感でしかありません「癒やす」という意図から起こるすべては、単なる目先の解決法でしかなく、それどころか、足抜けできなくなる中毒的な怖さがあります。死のホルモンによって引き起こされる、強い快感カタルシスが忘れられず、薬物依存症のようになっていくのです（私たちが、死にたくなる欲求が湧くのも、このカタルシスへの憧れからだとも言われます）。

感情を癒そうとすることは苦痛から逃れようとすることです。苦痛を麻痺させようとして「死のホルモン」を求めてしまいます。感情を癒やすのは、あなたの脳内の「死のホルモン」が癒やすのです。感情を癒やそうと思うから、そうなるのです。

そもそも、なぜあなたは感情を癒したいと願うのでしょうか？　即答できますか？

気分的に楽になりたいからではないですか？

カタルシス快感を得たいからではないですか？

ズバリ言いますと、あなたは自分が創った感情を全く愛しておらず、ただひたすら感情から逃げたいがために、癒やすのではないですか？

感情を受容しようとするのも、その動機は、感情を嫌っているからではないですか？

そのままの感情が何も悪いわけではないのに、何とかして人工的に「心地よい快感」にしようとすること、これが一般的な「癒すこと」になっています。感情からの逃げなのです。

でも、あなたによって創られた側の感情にしてみたら、その仕打ちはたまったものではありません！　感情は湧いた瞬間、受け容れられます。この受け容れるという愛によって、感情の完全浄化が自動的に起こるようになっています。あなたが何とかして感情を消そうとか、癒そうとして頑張る必要はありません。そのままの感情を噛みしめて、理解してあげるだけでいいのです。逃げたくて人工的に癒すのではなく、そのままの感情を知り、味わうこと（＝愛して受け容れる）によって、ホルモンなしで、ゼロに戻っていきます。

はっきりと分かったことがあります。感情は、何とかして消そうとするものではなく、そのまま愛してあげることで、自動的に浄化されて、本来の愛エネルギーへと進化するものだということです。

恐怖のおかげで…

いつの頃からか、私たちは感情をちゃんと感じることに関して、なぜかとまどったり、怖がるようになりました。素直に感じることができなくなったのです。幼少の頃から、感情を素直に味わうことを許されなかったことが大きな原因です。特に恐怖や不安という感情については、生きる上ではジャマなもののような気がして、感じることを特に拒否するようになりました。

「この恐怖さえ感じなければ、勇気をもって何でもできるのに」と言う方が大勢います。

でも、恐怖をあなたに与えたのも創造主である虚空です。創造の源である虚空から与えられているものに、無意味なものなどありません。きっと恐怖には何か深い意味があり、何か隠された宝があるはずです。

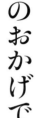

恐怖という感情の「役目」を理解しましょう。恐怖をこわがらず、そこから逃げず、恐怖に向き合って、よくよく探ってみましょう。

もし、一切の恐怖があなたになかったなら、あなたは増長するばかりになると思いませんか？　人間のエゴはとどまるところを知らず、スピリチュアルな進化は完全に望みを絶たれるでしょう。

もし、一切の恐怖があなたになかったなら、あなたは「真の勇気」とは何かということに関しても、決して知ろうとは思わなかったはずです。

ですから、恐怖とは、全母である虚空の深い慈愛だったのです！　虚空の子である私たちの意識が、ますます霊的に発展できるようにと、全母である虚空が用意した愛だったのです。

あなたが受け容れられずに抑圧したものは、一見見えなくなっていても、必ず水面下で育っていき、やがてはあなたにとっての脅威となります。水はけの悪い植木鉢の中で溜まった水で知らないうちに根腐れを起こしてしまったように……。特に抑圧した感情はマグマのように溜まり、いつか爆発する日を虎視眈々と狙っています。

逆に、あなたがさらけ出したものは何であれ、愛の光の中で蒸発していきます。それが不自然で不必要なものであれば蒸発し、自然なものであれば、愛の光によってますます滋養を与えられるのです。

恐怖を自分の中にさらけ出して受け容れたなら、その瞬間にエネルギーの変容が起こり、恐怖は愛に変わってしまいます。そして本当の「勇気」は、恐怖を抑えて突き進むことを言うのではなく、恐怖を認め、受け容れた、そのふところの深い愛の空間から生じるものです。

愛はいかなるものも統合し、融合する性質上、恐怖の感覚ですら愛へと変貌させてしまうのです。すばらしい力です。

恐怖が愛に変わった時、自我という人間プログラムが外れ、あなたは虚空と同調します。あなたがその豊かな愛を、物理次元の物事や人々に「込めていく」ことで、その愛は必ず実を結びます。結果としてあなたは、その実りを受け取って体験することになるのです。

あるセミナーを開催することになった時、締切近くなっても人数がほとんど集まらない地域がありました。

普通なら、頭で分析して、「その地域の開催を中止する」という発想になりますが、私には損得勘定はなく、人数的に少なかろうが、ただ真摯に愛を込めて行うことを決めていました。すると、結果として、他の地域よりも参加者が増えていきました。もし、増えていなくても、内面の実り（真の充実）は変わりなかったと思います。

全面的に受け容れる！

たとえば、あなたが破産したとします。

あるいは、お子さんが引きこもりになったとします。

恋人と別れたり、離婚することになったとします。

人間関係でトラブルに巻き込まれてしまったとします。

それでも、そのこと自体は虚空からすれば、良いことでも悪いことでもありません。

善悪、正誤をつけるのは、あくまでも人間だからです。


人生には次々に思わぬことが起こりますが、なぜか同じようなことが何度も繰り返すことを体験した方もいらっしゃるのではないでしょうか。

何度も金銭トラブルに巻き込まれる、同じような人ばかり好きになって同じような恋愛ゲームを繰り返してしまう……など。

次々と生まれた物事は、私たち自身によって受け容れられることなくしては終わることができません。つまり壊れることができません。あなたが内側に受け容れるからこそ、壊れてくれるのです。受け容れ続けていくことによって、終わることができ、壊れることができ、変化リニューアルできるのです。壊れなければ新しくはなりません。出来事も、物も、生命も、毎瞬必ず壊れてくれないと、毎瞬生まれかわれないのです。

ポジティブを志向し、ネガティブを避けようとする時点で、受け容れる状態ではなくなり、ニュートラルな愛ではなくなります。一切の原因探しもせず、いかなる理由も求めず、ポジティブにもネガティブにも分類せず、すべてを等しく歓迎しながら、ただあるがまま中立に受け容れるのです。これが私たちの本来の純粋な意識の「質」なのです。進化発展とは、質の向上のことを言いますから、受け容れることができるほど、あなたの意識は進化したことになるのです。

つまり似たようなことが繰り返されるのは、あなたが受け容れを拒むとき（壊れることをいやがるとき）です。それは、あなたが素直に丸ごと受け容れるまで、起こりつづけます。状況を変えたいならば、あなたが受け容れることです。どんなことになっても、あなたが否定さえしなければ、全面的に受け容れていくならば、状況は必ず進化発展するし、愛に満ちた状態へと変化するのです。

それなのに、すべては一瞬の有限のカタチなのだという真理を忘れてしまい、「こんなことがあってはならない」と否定するために、その状況が壊れることができず、似たような状況が続行します。

あなたの自我（偽の自分）には受け容れができません。**すべてを受け容れることは、妥協であり、負けることとなのだという思い込み**があります。受け容れるなど、とんでもないことなのです。状況に負けまいとして、物事に対して抵抗し、勝とうとして闘うのです。そして、**闘っているから、いつまでも苦しい**のです。

そして、起こってきた状況について、「たった今から始まった」という見方をするために、当人が思った通り、なかなか全面的に終わらないのです。

あらゆる物事や状況は、まず、見えない状態として創られてから、見える状態へと具体化されますが、実際に見える状態になった時は、現実的にはもう終わった瞬間でもあり、そこからは壊れていくだけなのです。

もしかしたら、数分で終わることだったかもしれないのに、「あ、始まった！」とあなたが思うことによって、終わることができず、長引いてしまうのです。

起こったことを観た瞬間、もう終わって変化していくのに、あなたが無意識レベルで、「明日も今後も続くだろう」と思い込むために、そのようになってしまいます。あなたの勝手な思い込みのせいと、全面的に受け容れることをしないためです。

あらゆる物事は、あまり変化していないように見えても、全く同じように思えても、毎瞬、必ず変動しています。いかなることも、創られたなら(起こってきたなら)、必ず壊れていますし、壊れたならスグに新しくなっていきます。ですから、起こったことを全面的に愛で受け容れてください。受け容れることは真の愛であり、真のあなたなのですから！

第6章

空間（スペース）について

静寂な虚空

純粋な意識であり、永遠不滅の本性である私たちの中心ですが、私たちがそこを全く重要視していないために、その中心は輝きを放っていません。そして、この中核の純粋な意識には何ら雑音はなく、静寂そのものですから、思考や言葉の騒音に慣れてしまった私たちにとって、最初はとても気付きにくいものです。この静けさの場、内なる沈黙の場、無思考の場、いかなる中身もない純粋な意識の場、この不思議な力の深みは、じつに計り知れないものがあります。この静寂さに同調して慣れていただきたいのです。

静かだけれど、高次元の波動は存在しています。ちょうど海底のようなもので、いっさいの波動は起こっていませんが、波動の「全体」が含まれているのです。表層に起こった荒々しい波動にしか目が向かず、その「部分」しか聞こうとしない方が多いのですが、その奥の海底に気持ちを向けて、ただ耳を澄まし続けていてください。そこにすべての波動があり、全体愛があるのです。

私たちの最も中核にあるこの静寂さに、どうやったらつながることができるのでしょうか？

それは、どんな思考や感情が湧いてきても、決して抑え込むことなく、それらがただ自然に治まるのを待ってみることです。すると、完全に静まるまでの「成り行き」をただ見守っていた者がいたことに気が付くのです。その見守っていた者こそ、「真の静寂」なのです。

そして、あなたの意識がその「真の静寂」に同調して一体化すると、思考の誘惑に引き込まれなくなり、安定した中立な視点を常に持つことができるようになります。今まで持っていた色々な偏見が消えてなくなるのです。

ですから、日々の活動において、頭の中のおしゃべりの流れを沈静化する練習をしてください。「真の静寂」があなたの第一の現実になり、活動している時でさえ、「真の静寂」と常につながることができるようになります。

現代のようにすさまじい変化の時代においては、物事が急速に移りゆき、人も急速に変化し、新しい情報が大量に世間にあふれています。もし、あなたが外側の世界の中に安全や安定を探そうとするならば、逆にもっと不安が増し、混乱に陥るでしょう。

でも、あなたが自分の内側に意識を向け、「真の静寂」とつながるならば、安定感や平和を感じることができるのです。そして、あなたは外側から被害を受けるようなことがなくなります。

夜の深い眠りの静寂さと、「真の静寂」の境地はとても似ていますが、ひとつだけ大きな違いがあります。眠っている間は完全に無意識ですが、「真の静寂」の境地ではハッキリとした意識があり、すべてに繊細に気付いていています。ですから、目が醒めて起きている時こそ、「真の静寂」に一体化することが大事です。

無意識であろうが、意識的であろうが、あなたの本質は静寂な空間の中にいます。そこには想念の動きも思考もなく、完全に静かです。

あらゆる霊的な修行をする人、スピリチュアルな道を極めようとする人は、いずれ必ず、その静寂な虚空へとたどり着きます。では、なぜそこに至る必要があるのでしょうか？

それは、その「真の静寂」から、「すべての生」の創造が起こるからです。すべての生が起こる源に、私たちは意識をつなぐ必要があります。その静寂な源である虚空に一体化し、源そのものとなって、私たちの中からすべてが創造されるという喜びと驚きを知っていってください。

声なき声、音なき音の純粋空間

あなたが言葉を口に出す時、それが本心かどうか疑ったことがありますか？

ほとんどの人は、頭に浮かぶ思考（言語）を、完全に自分の本心だと信じて疑いもせずに口に出していることが多いようです。

その言語は、真のあなたの本心や真意ですか？

それは、あなたの全身全霊がイキイキする内容ですか？

そして生きとし生けるものすべてに当てはまる内容ですか？

個人的だったり、部分的だったりして、片寄っていませんか？

いかなる時にも、いかなる時代にも、いかなる人にも当てはまる普遍的な内容でしょうか？

あなたが頭の中に握って執着している思考の言語は、究極の根本的な真実でしょうか？


私たちは部分である思考言語のほうではなく、全体なる虚空に耳を傾けなくてはならないのです。そこには、思考も言語も音声もない空間です。

この空間には、声なき声があり、言語なき言語があり、音なき音があります。刺激的な興奮の波動に慣れた通常の耳には、ほぼ聞こえないような**天の意志**がそこにはあります。それに慣れていただきたいのです。

私たちの身体は、虚空の天意に創られた純粋な愛の空間です。思考と言語を中心に作られた自我空間（思考体）や、そこから生じる感情の空間（感情体）にだまされてはなりません。

私たちの内なる純粋な身体空間は、高い周波数ゆえに静寂きわまっており、激しい興奮も、強い刺激もありませんが、そこにこそ感覚的な耳を澄ますようにしてください。全身の細胞が感覚的になってくれた時、声なき声、音なき音があなたにも聴こえてくるようになるはずです。

魔女から、人間の足をもらう代わりに、その美しい声を引き換えにした人魚姫ですが、彼女は必死に王子に愛を伝えようとしていたのです。それでも王子には、その声は届きませんでした。というのも、人魚姫の声なき声は高次元のとても微細な愛の波動だったからです。世俗言語の刺激の強い波動に慣れた人間には、そのひそやかな言葉は聞き取れないのです。

王子の愛を得られなかった人魚姫は海に身を投げ海の泡となり、空気の精霊として虚空へと昇っていきましたが王子や他の人々はそのことに気付きません。悲しい恋の物語として語られる「人魚姫」ですが、こんなに世俗的な王子なら、結ばれなくて良かったのかもしれないとも思うのです。

両親や先祖の枠を超越する

私たちが愛の深みにつながることなく、平面的に生きてしまう大きな理由のひとつに両親との関係があります。

自分の両親に対する愛着（＝反発）と忠誠心ゆえに、**多くの人は、両親よりも素晴らしい人生や人間関係を持つことを自分自身に許可していません**。これは、まさに先祖ＤＮＡの支配下にあるということで、あなたの意識はそこに閉じ込められ、自由に飛躍できないようになっているのです。

知らず知らずのうちに、この人生で持つ喜びや愛、成功、豊かさを自ら制限しているのです。あるいは、両親が彼ら自身に対して抱いている願望や夢を、そのまま踏襲して生きようとしているかもしれません。どういうわけか、彼らよりも幸せになってはいけないような感覚はありませんか？　彼らを幸せにすることが大事で、それが子孫の役目だと思っていませんか？　答えはＮＯです。

私たちは、**自分の両親よりも多くの愛と喜び、そしてイキイキとした感覚を体験する義務があります。より内面的に進化した存在として生きるために、子孫という役割をいただいています**。彼らよりもより良い人間関係を持ったり、新しい愛し方を実践したり、彼らとは異なる霊的な本道を歩むことが可能なのです。両親を超えるような大いなる愛の意識になってください。

愛着や反発という古い愛のやり方を踏襲せずに、**新しい愛の在り方に進化するには、両親から引き継いだ不自由な「家族パターン」を手放す必要があります**。両親の夢、目標、人格パターンなどのエネルギーに愛着したり反発することをやめ、あなた独自の愛の道を歩んでください。罪悪感なしで、両親とは別の光の道を歩んでください。あなたが、彼らを超えることによって、ようやく彼らも幸せになれるのです。

無意識でいると、両親からの不自由な「家族パターン」「先祖ＤＮＡ」を引き継いでしまいます。家族パターンに閉じ込められて生きるのではなく、唯一無二のオリジナルな「独り」として、愛と喜びから生き直すようにしていってください。あなたの家族にも、その自由を許可してください。これが進化した新しい愛の在り方です。

あなたが愛の意識で生き始めると、真の自分に近づいていきます。すると、他の人たちと一緒に過ごす時間に変化が生じてくることがあります。自分独りの時間を、以前よりも大切にするようになるのです。ところが、あなたが独りになったり、独りで何かをしようとすると、それに脅威と怖れを感じる人々が出てくるかもしれません。そして、あなた自身がそのことに関して、罪悪感を感じるかもしれません。

たとえば、あなたがよりイキイキとし始めると、今までの友人から「変わったね」「前の方が素直で良かった」など言われたりすることがあります。それで怯んでいまい、前の自分に戻ろうとしてはイケマセン。今までの友人は、あなたが急に手の届かない所に行ってしまったようで、自分より突然格上になってしまったようで、あなたに脅威を感じてしまうのです。自分の支配下から出て行こうとするあなたを引きとめようとしているだけですから、迷わず、そういう人間関係とはオサラバしてください。

あなたが愛の意識で生きていれば、今のあなたに未知の体験をさせてくれる、もっと出会うべき人へと導かれますから大丈夫です。

ですから、あなたに脅威を感じる人々や家族に対して、その期待に応えなきゃと思うことをやめてください。**オンリーワンの意識で生きることを自分に許可することは、両親の古い家族パターンを超えることになります。**結果的に、両親の意識を古い家族パターンの「呪縛」から解放することになります。

独りの時を過ごす、大好きなことをする、そして内側にいる真の自分を喜ばせる、活躍させる、こうしたことは、あなたが虚空という「全体ひとつ」の意識とつながって、宇宙的な調和を生み出すのを手助けしてくれます。たとえ、あなたに小さな子ども達がいたとしても、独りになる時間を持つことは大事です。子ども達の「霊的本質」につながってください。つまり、私たちと同じく、彼らの中核にも本質としての愛のゼロ意識があるのですから、まだ開花していなくても、それがあることを認めてあげてほしいのです。

子どもだからといって低く見るのではなく、彼らの中の霊的本質に意識を向けるならば、子どもたちの愛の意識の成長は、大人よりもスムーズに進むでしょう。

子どもたちの本質を意識しながら、独りの時間を持つあなたを愛してくれることに対して、彼らに感謝し、御礼を述べてください。同時に、彼らの自由も認めてください。

「私は、家族を含めてすべての人たちが、それぞれの意識のリズムに合わせて生きることを認めます。そして彼らが調和を感じたり、エネルギー充電のために行なうすべてのことを何でも許可します」と。

あなたが両親を超え、家族パターンを超えて、大いなる自由を人々に与える時、彼らはもっとあなたに愛を感じることになるでしょう。

光の空間

私たちの体内は「光の空間」で出来ています。そして、私たちの真の中心である「意識」が一体どこにあるかと言いますと、実はこの光の空間に在るのです。そして、私たちの意識は体内の空間だけでなく、体を超えた外の空間にまで広がって在るのです。

あなたの意識の空間は無形です。全くカタチがありません。カタチがないから、種々のカタチを宿せます（だからこそ、自我というカタチも宿るわけですが）。

この大いなる意識空間は何でも包含できる無限に広大で深淵な光空間（光スペース）となっています。どこまでも無限に広くて、そして奥行きも無限に深いのです。すべての生命存在は、必ずこの光空間を持っています。この空間を認識し、その空間が「意識という自分」であることに気付くなら、その空間にイキイキと光が躍動するのです。「無・ゼロの」空間の中で、光が躍動するのです。もともと虚空は無の広がりで、光は躍動していませんが、光にフォーカスしなくても、無・ゼロを意識するほうが、光はいっそうイキイキするということです。

そしてカタチに関してですが、言い方を変えますと、「限界」「制限」という意味になります。カタチが持つ限界、その宿命を超越して進化させるには、次々とカタチを崩壊させつつ、新しいカタチを入れ替えて更新する必要があります。しかもその更新は、私たちが自分の内なる光の空間に意識を置いておくだけで、自動的に行われます。

頑張らなくても、必死にならなくても、虚空によって、私たち全員は等しく導かれ、「更新」が行われるようになっています。

たとえば、「早く覚醒したい。早く分かりたい」という無知で不覚な自分がいたとします。そして、分かっていない自分が、その無知の延長線上で、何とか分かった自分になろうと頑張っても、その結果は絶対に起こりません。

なぜならば、「分からない自分」という「旧型」のカタチを自分の内側に維持したままで、「分かった自分」という「新型」のカタチを、物理的肉体で体験することはできませんから。つまり、赤に染まった自分を維持したままで、青には染まれません。無知である自分の型を愛で受け容れることによって、無知ではない自分の型へと更新（進化）されるのです。

著書『光・無限のいのちを生きる』にも書きましたが、時刻・日時・年月というものは、「進化」「更新」の様子をあらわす記号です。ですから、あなたが自分を「こういう者だ」と決めつけていない限り、時刻や日時の訪れと共に、私たちの体内空間には、さらに進化した自分の空間が訪れる仕組みになっています。

たとえば、今日の13時の時点では、何も分かっていない無知な自分だったとします。（この時のあなたは、13時という記号の空間存在です）。

そして、何かを知って賢くなったのは、14時の自分だったとします（14時という空間存在に入れ替わったのです）。

ところが、13時の自分を「これが自分だ」と思い込んで引きずる限り、14時の自分など絶対に来ないわけです。ですから、体内には「何者でもない」自分、「常に更新中」の自分、過去や未来という時刻を保持しない無時刻の自分、ゼロ時の自分であることが必須です（これがアセンションしているという意味です）。

あなたの内面がゼロ時の空間であれば、つまり光だけの空間であれば、いかなる進化した型の自分も、新しいメッセージも、すべて訪れてくれますし、すべて受け取れるのです。

呼吸に隠された「間」の秘密

昔のアニメーションを思い出してみてください。

動いているように見える映像は、すべて一枚一枚独立した絵で、それらを高速でめくっていく時、まるで本当に動いているように見える。そんな簡単な原理です。

印刷物の色も、1色しかないように見える一枚ですら、詳細に見るとそこは「・」の世界で、小さなドットの集まりです。

誰かが歌っている歌も、誰かが奏でている楽器も、耳をすませば、途切れていないメロディの中にも音がある時と、全く音がない瞬間があります。楽譜の音符と音符のはざまがあることをイメージすれば分かりやすいかもしれません。

言葉を発する時もそうで、なんらかの言葉の後は必ず無音の部分を経て、次の言葉がやってきます。これは口に出していない思考としての言葉も同じで、言葉と言葉の間にはかならず静寂の間があるということです。そうでなければ、言葉同士が一カ所になだれこんで、衝突し合って、雑音だけになってしまうのです。純粋な音が流れていくには、必ず静寂な無の部分（＝ハザマ）というギャップが必要なのです。音や言葉だけではなく、物質も肉体も波動エネルギーです。ということは、物質や体が現れ続けるにも、静寂な無の部分であるギャップが必要なのです。そして、この空白のギャップから、あらゆるすべてが生じています。

2年ほど前のことです。ある日ソファーに横たわって、DVD観賞を楽しんでいた時、急に空間から「呼吸だろ！」というドデカイ声が聞こえたのです。それだけしか聞こえませんでしたが、そこに含まれたもっと深いメッセージが一瞬で腑に落ちたのです。

その声が言いたかったのは、すべてのモノやコトが呼吸から創られているということでした。ただし、呼吸と言っても、肺呼吸のことだけでなく、細胞すべてを通じて行われている超光速の光の呼吸のことでした。

私たちの呼吸は、吸ってから吐くまでに間（ハザマ＝ギャップ）があり、吐いてから吸うまでにも間があります。そして、この間は非常に微小で見つけられないものですが、この間が虚空のゼロであり、新しい創造の場なのです（ただし、このギャップは非常に微小で見えないため、私たちの肉眼には、まるでさっきと同じものが連続して見えているように感じるのです。でも、完全に新しいものが創造されています）。

この一瞬のギャップから光が生まれていきます。すべての呼吸の瞬間に、あらゆる細胞の毛穴を通して、私たちに流れ込んだり、流れ出る光の神秘を、多くの人は知らずにいます。あなたが心地よい呼吸をしているだけで、あなたの身体や現実空間は心地よく創造されていくのです。誰にも公平に与えられた素晴らしい力だと思われませんか？

東洋では昔から呼吸に秘密があると言われてきましたが、それは「神が息を吐く時は存在があり、神が息を吸う時は全存在が消える」ということなのです。

物質のカタチは同じものが連続しているように見えても、連続的ではないのです。物質と物質のギャップにおいてさっきの物質は消滅しますし、カタチとカタチのギャップにおいて前のカタチは消滅します。その「間」、そのギャップこそ、カタチや物質が出入りする門であり、虚空のゼロポイントなのです。

中心に根付くとは？

あるセミナーにて、「内なる中心（中核）とは何ですか？」というご質問を頂いたことがあります。以前も、同じご質問がありましたが、そこで、気付いたことがあります。私たちは、いかに学問的な知識に縛られているかということです。

たとえば数学で、「円の中心を求めなさい」という試験問題が出たことがありませんか？

そのことが頭にこびりついているので、中心と聞くと、平面的な用紙に描かれた平面的な図形の中心のことを思い浮かべてしまうのです。

生きているわけではない丸い線で描かれた図形、そして図形の中心を求める、学問の場合はそれでいいのですが、生きている立体的な生命存在の中心となると、話は別のことになります。生きている生命体の中心、その真の中心という意味が分かっていないなら、中心に根ざすことなどできません。

生命体の中心、それは細胞の中心点ということになりますが、そこは真空になっています。その真空点はゼロポイントの反射点と呼ばれており、大いなる創造主である虚空への扉のようなものです。虚空のゼロポイントを通じて、愛の光が物理次元の反射点（反射ゼロ）に送りこまれて、私たちの細胞が創られていきます。生命体のすべての根源土台は虚空なのです。

多くの人は、この「真の中心」を知らないために、自分の意識をその中心に定めることができずにいます。中心という根源的な土台に根ざしておらず、**周辺部分に片寄って、そこに重きを置いています**。しかも、しょっちゅう中心が移動していて、中心がちゃんと定まらず、いつも落ち着きがないのです。瞬間ごとに自分の中心が移動しているため、至福や安心が感じられないのですが、これがあなたの不安の原因です。

たとえば、あなたの思考が機能している時は、思考に中心が置かれます。つまり、部分に片寄っているわけです。話をしている時には、口に中心が移動して片寄っており、観察している時には、目に中心が片寄っています。頭を使っている時は、頭を中心に生きていますし、誰かに恋している時は、ハートか、第二チャクラ（へそから指2、3本あたり下～仙骨に位置する）が中心になっていたりします。だから常に極端であり、全体のバランスがとれず、不安で、緊張が取れません。

真の中心とは、すべての根源的な土台という意味ですから、あちこちの部分的な箇所に移動しません。虚空という意識は目には見えませんが、消失したりはしないのです。無限に不動で安定していて、ぐらつきもしない。その堂々と不動で在るもの、それが真の中心、虚空という無限の全体です。

ブッダは、たとえ頭を使っていても、常に意識は真の中心に根ざしていたのだと思います。つまりバランスが取れており、部分的ではなく、全体的であったのです。このように全体的であること、これを中庸、中道などと呼んだのです。簡単に言いますと、ニュートラルとか中立のことです。

永遠の不動の中心、つまり真の中心に根ざした人は、頭を使おうが、中心を頭に移動させていません。ハートを使おうが、腹のチャクラ＝第三チャクラ（へそから指2、3本あたり上に位置する）を使おうが、そういった部分的な局所に中心を移動させていないのです。常に全体的な虚空に根ざしています。

この真の中心にとどまることができたなら、あなたの生はバランスが取れ、３Ｄレベルでの均衡状態になります。

ですから、虚空という中心に根ざしてくださいと言われても、あなたが頭だけで虚空の中心を考えていては、残念ながら、いつまで経ってもうまくいかないでしょう。あなた自身が、純粋な愛の意識としての自覚をすること（覚醒すること）が先なのです。

中立は、中間点のことではない

中立な観点（中観）になっていることを中立と言うのですが、極端と極端の間に置かれた中間点のことではありません。これは多くの読者の方が勘違いしがちなところなので、改めて整理してご説明したいと思います。

中立とは、水平な平面上にある2点の中間のことではないのです。**中立に観るとは、２点の両方を同時に含み、それを超えた「立体的な意識状態」のこと**なのです。まず、平面上の中間点に関する例をいくつか挙げてみます。

超ゴキゲン気分と超おちこみ気分、この二極の中間点は「まあまあ気分」。
激愛と激憎、この中間点は「好きでもキライでもない」。
大富豪と極貧者、この中間点は「中流」。
執着と拒絶、この中間点は「無関心」？
幸福と不幸、この中間点は何でしょう？

実際のところ、二極の片方にハマっていく人は、もう片方の極も簡単にハマってしまう人です。過食ができる人なら、断食・不食・絶食も得意なのです。ものすごく愛せたなら、ものすごく憎むことができます。

このような極端から極端へ揺れ動くことが苦しみなのだと分かってくると、あなたの頭と思考は「中間」を求めるようになり、今度は「そこそこ」という中間点にばかり執着するようになるのです。過食でも絶食でもない「節食」を求め始めるわけです。愛憎ではない「まあまあ好ましい」を求め始めます。超多忙でも超ヒマでもない「そこそこスケジュール」を求め始めます。馬車馬のように働きっぱなしでも、優雅な左うちわでもない適度な労働とかを求め始めます。この中間点も、そこだけに執着するなら苦しみとなりますが、自我の陥りがちな盲点です。このような中間点だけを良しとして目ざすなら、それも執着となります。

全員がそこそこの幸福でいい。（あら？）

みんなが平均的に中流であることがベスト。（あら？）

虚空はそういう中間点だけを観察したいのでしょうか？

ステレオタイプに画一化されて、バラエティに富んでいない中間点だけを観たいのでしょうか？


とにかく、物理次元のプラス・マイナスという2点であれ、その中間点であれ、3分の1の点であれ、あくまでもそれらは、あなたの意識が観察するための物理次元の「対象」なのだということを分かってください。気分であれ、感情であれ、思考であれ、具体的状況や状態や立場であれ、いかなる種類の対象にも入りこまず、一体化せず、ただ中立に観ることで、あなたの人生の流れが進化していきます。


中立とは、極端と極端をも含み、中間点も含み、3分の1点も含み、あらゆるものを包含したことを言うのです。

そして、対象を観るほうの「自分」を忘れていては、中立な観察ができません。諸々の対象が何であれ、「自分」と「対象」との双方が必要で、この双方を同時に認識する時に、やっと中立に観ていることになります。それは例えば、車が二台あったとして、その二台とも見るような感じです。何かだけに意識を片寄らせず、全体的にソフトフォーカスするように認識するのです。

「自分が観るのだ！」というように個人としての「自分」が強くなると、「対象」が弱まり、中立ではなくなります。自我の視点になるのです。個としての自分にも一体化しないことです。何かに一体化することこそ、病気なのです。

ただ中立に受け容れて観る、それは発展的創造のための魔法のようなメソッドです。自分ばかりに注意を向けているだけでも、そして外界の状況や物事ばかりに注意を向けているだけでも、中立な観察意識にはなっていません。

接続性と連続性――運命はあるのか？

色々な機会に、「未来は決まっているのでしょうか？　運命はあるのでしょうか？」というご質問を受けることがあります。そしてその答えも、答える人によってまちまちのようです。

結論を申しますと、私たちの人生は、運命づけられているとも言えるし、いないとも言えます。イエスでありノーでもあります。その両方ですが、実は私たちの気付き次第で、イエスかノーかを選べるのです。

私たちの中において、今のところ、肉体的なもの、物質的なもの、精神的なものなどは、すべて過去（過去世や先祖たち）から受け継いでおり、すでにプログラムされているわけですから、すべて運命づけられていると言えます。

したがって、あなたが肉体や思考体や、感情体にドップリと一体化している場合、その割合に比例して、運命づけられていくことになります。自我と一体化したままでいるとしたら、自由は奪われ、過去の因果との接続したまま、連鎖を繰り返すだけになります。未来を予知する能力者が、あなたのことをズバズバ予知したとして、それが本当に起こった場合、あなたの中に初めからあったプログラムされていたものを透視しただけのことです。驚く必要はないのです。

肉体や想念に一体化している時、あなたが想像する未来は、本当の未来にはなっていません。その未来は、過去の投影という副産物にすぎないわけです。あなたの過去、過去世、祖先、そういうものがあなたの未来を条件づけて決定し、カタチや状況となるだけですから、そんなあなたの未来など、誰にでも予知できてしまいます。

今までのあなたの行動は、あなたの過去や過去世から派生していました。父や母や祖先から派生していました。過去の歴史や、過去の一般社会、そこで起こってきたことも、あなたの今の行動に関連しています。過去の歴史のすべてが、あなたの中で結実し、あなたを支配していくのです。過去のすべての物事が、あなたの行動へ接続します。つまり、あなたは完全に運命づけられており、不自由きわまりないことです。過去の歴史は非常に重いカルマの力であり、あなたが「これは個人的な自由行為だ」と信じてやまない行動は、必ず過去の一部分を繰り返しているだけなのです。

ところが、私たちの中の「何か」だけは、常に未定で決定されておらず、したがって予期することも、予想することも、予知することも不可能です。その「何か」とは、あなたの純粋な意識です。

自分の本質を、純粋な意識として理解できた人は、真の自由を知ります。完全に因果と運命の連鎖から外れることになります。あなたは予測不能な存在になりますから、「決まった定めも運命もない」と明言できるわけです。その瞬間その瞬間において、何からも制限されることなく生かされていきます。この本当に自由な感覚を感じてみませんか？

どんな質の意識で生きますか？

この世の空間には、たくさんの周波数のエネルギーが流れています。高次のエネルギーもあれば、分断された低いエネルギーもあります。

意外なことに、自分が勝手に「悪」だと決めつけたものを一方的に攻撃したり、ののしったり、断罪するといったような「正義」のエネルギーもまた、低いエネルギーの中に含まれるのです。「正・悪」「べき・べからず」という分断のエネルギーは、二極融合した高い愛のエネルギーとは格段に質が落ちています。

どんなに個人的にどれほど正しく思えても、ここぞとばかりに正義を振りかざして闘争する心になることは、内なる戦争行為です。愛の意識の質ではないのです。そして、この内なる戦争行為は、いつか必ず外側に現象化します。

あなたの中にも、内なる闘争という低いエネルギーがうごめいていないでしょうか？　はっきりと気付いてください。決して無意識の中に幽閉しないでください。

そして、その隠れた低いエネルギーのうごめきを見つけたら、決して一体化せず、その低いエネルギーラインから離脱してください。その低いエネルギーが流れていることを中立に眺めるだけにして、同調しないでください。

そうでなければ、その低いエネルギーから受け取る周波数によって再び影響されて、そこからまたあなたの意識の振動が、低いエネルギーとなって周囲へと放出されていくのです。

愛の意識として進化することを拒否した人の低い質のエネルギーは、地球の繁栄や進化を止めることにもつながります。あなたは、そういう低いエネルギーに毒されて感染していないでしょうか？　**私たちの意識の質が、あらゆる創造の質を決めていくことになる**のです。あなたの今の意識の「質」がすべてに影響するのです。責任重大ですから、無意識ではいられません。

私たちはこのようにして、人々が織りなす集合的エネルギー場に影響を受けたり、影響を与えたりして、お互いの関係を続けています。私たちは決して単独で分離などしていないのです。

低いエネルギーに影響を受けて感染した方々に共通する症状は、無気力で、落ち込んだり、死にたい気分になったり、色々なことに無関心で、創造性も乏しく、現実に対応する気力が失せているなどの特徴があります。創造の源である「虚空」の意志、豊かな新しい可能性を経験したいという意志が希薄になっています。物理次元への好奇心、真の自分への探求心、そういうゾクゾクするような思いが希薄なのです。

このようなエネルギー感染に対し、あなたはどのように対応するでしょうか？　あなたが自分のエネルギーを疑い、愛の意識としてのレベルを上げる時、低いエネルギー感染から離脱できて、他の方の感染をも防ぐことができます。

ちくわのように、パイプのように

虚空の愛の光は、私たちを通じて、全体ひとつのために生きることを欲しています。私たちが生きて、何かをしようとするのは、純粋な意識である虚空が、私たちの意識と肉体を通じて愛を実践したいからです。そのために私たちは役割を与えられて生まれてきます。大いなる虚空の意図を私たちは受け取り、経験していくのです。その実践は万物万我にとっての最高のギフトなのです。ですから、いかなる役割が与えられていたとしても、空っぽの意識で全うし続けていけばいいのです。

さて、虚空からのエネルギーは無限大で、瞬間瞬間、私たちにも降り注いでいますが、あなたの中を通れなくてはどうにもなりません。

虚空の光をあなたに取り込むための方法は簡単です。

あなたは円柱形の柱、パイプのように（そう、まるで、ちくわとか竹筒のようなイメージです）なればいいだけなのです。**思考なしの空っぽの意識になり、なんの障害物もないようにし、虚空からの光の流れがあなたの中を通れるようにしてください。**その光が流れ込む時、あなたは広々とした愛の空間になるのです。

おとぎ話のかぐや姫をご存知だと思いますが、かぐや姫は空洞の竹から生じました。空っぽの竹から、太陽のように輝くヒメ（光芽・秘め）が生まれるのです。

自分がやりたいことでなくてもいいのです。何者になろうとか考えなくていいのです。ただ、ビジネスをやっているならビジネスを、研究をしているなら研究を、音楽や絵画など芸術家なら芸術を、主婦なら主婦を生きればいいのです。どんな役割であっても優劣などありません。

ですから、特定の理由なんてなくてかまいません。何か特定のものに変える必要もありません。もし、変えたい気持ちが自ずと湧いたなら、変えてもいいのです。どんな仕事をしているか、どんな職業でいるか、などということは単なる表面的なことでしかありませんから、気にしなくていいのです。ただひとつ重要なことは、「個人」としての自分がやっているという考えを落とすことです。どこかに向かわねばならないという考えも落とすことです。虚空は、そのつど、全体を調和させながら働きますから、あなたが何か理由づけなどをしなくても、動いてくれます。

あなたの肉体は小舟のようなものでもあり、「乗り手」「漕ぎ手」としての自我が頑張らなくても、生の大河にただ浮かんでいれば運ばれていきます。自我はないほうが、スムーズに自然に運ばれます。

自我が行ないがちな、未来への目標や目的に向かうという行為をやめる時、今この瞬間だけが生の目的となるのです。今この瞬間を生きることだけが、あなたの使命であり、役割です。

第7章

人間として。意識として

言葉や知識は「理解」ではない

「どうすれば、虚空に出会えますか？」「どうしたら、覚醒できるのでしょうか」

スピリチュアルな世界に興味を持ち始めた人なら誰もが一度は、そのノウハウを知りたくなるものです。そして本を読みまくったり、セミナーや講演会に片っ端から足を運んだりして一生懸命、勉強します。

この答えはどこにあると思いますか？

そもそも私たちが意識存在として覚醒するのは、いつなのでしょうか？

生まれてすぐならば、俗世間にまみれていない幼少期なら、覚醒した存在なのでしょうか？

残念ながら人は生まれながらに覚醒した全体意識を持ち合わせてはいません。

人は生まれたらすぐに、意識を起動させるように訓練されるのではなく、たくさんの自我を起動するように訓練されてしまうからです。しかし、これらの自我がすべて溶けて融合されると、それまでの肥大化した自我は変化していきます。自我はなくなり、区分や境界線も消え、全体意識が生じ、愛の覚醒が誕生するのです。

つまり、過去世や先祖から引き継いでいる自我、生まれながらに持っている自我（それらは、時には批判し合ったり、戦ったりしています）を、全体愛に統合したとき、覚醒するのです。

ですが、覚醒する前の自我の段階にいる人たちは、てっとり早く答えが欲しいのです。「生」や「愛」に関する真摯な疑問を持つよりも、他者からお手軽に得られる知識や情報に関心があるのです。ファストフードのように注文したら、すぐに答えが出てきて欲しいのです。個人相談をされに来られる方、セミナーを受けに来られる方の中にもたまにいらっしゃいました。そして、この段階にいる人は、とても知識が豊富です。

また、科学者、物理学者、聖職者、先生、霊能者、チャネラー、透視能力者……彼らの中には、世の中の人々を導いているような快感に酔いしれるという自我を持っている人もいます。かつての私もそうでしたから、同類のことはすぐに見分けられます。彼らは知識に関しては貪欲ですから、霊的な本質について、深く問いかける前に、世間や社会からの答えを手にしてしまいます。そして、それだけで、もう「生」を知った気になり、人生を分かったと思い込んでしまうのです。

しかし、彼らも、先祖や両親、世間などから刷り込まれた、言葉や知識という偽の自我と共に、この物理次元の世界を唯一の現実世界だと信じて生きているだけなのです。

今の現実世界だけがすべてではないはず、と霊的な本質を求めていても、言葉による知識を集めていくと、自我はますます肥大化していき、頭で生きていくようになってしまいます。すると「思考すること」が気付きと勘違いしてしまうのです（ですから、言葉で先導してくれるような偉い人がいると、安心してついていきたくなります）。

思考による気付きは、「感覚の源」である虚空のゼロポイントには全く到達していません。そして感情に走ることや、感傷的になることが「感覚的」な理解だと思いこんでいるのです。知識や言語にリンクして起こる感覚は、断じて真の理解などではないのです。知識や言語を超えて、一気に腑に落ちる感覚、思考を超えたパチンとはじけるような感覚、これが真の理解であり、真の感覚です。

たとえば、水という言葉、水に関する知識、頭で水を思うこと、それは水そのものではありません。メニューに書いてある文字、それは生きた食べ物ではありません。メニューに書かれた言葉を見て、あるいはメニューの文字を思い浮かべて、食事を真に理解したと言えるでしょうか？

それと同じことですが、生命とか神とか、虚空という言葉、それらに関する知識、それらは生命や神や虚空そのものではありません。

真実は、言語や頭の思考理論に収まりきらないのです。あなたが自らの感覚と体験のセンスで知っていくしかありません。

神の心とは

「私は神の心が知りたい。他のことは二次的なことだ」とアインシュタインは言ったそうです。「神の心」とは何なのでしょうか？　実は、それが「意識」だと私は思っています。では、意識を知るとは一体どういうことでしょうか？

意識の存在として覚醒する（目覚める）ことなのです。外側のニュースや、世間的な幸福の概念や、他者のアレコレなどは、所詮は二次的なことです。

覚醒する、というと、よほどの聖人や特別な人にしかできないことのように思われるかもしれません。確かに、古来より大変難しいと言われてきました。でも、決してそうではありません。なぜなら、誰もが本当は知っていて、ただ忘れているだけのことだからです。

難しいものとされてしまったのは、昔の修行僧たちが、覚醒を人生の「ゴール」にしていたからです。ゴールにしておいて、美味しいごほうび（興奮）は、できる限り後回しにするほうが、強烈な達成感を味わえますし、自我はとても満足できます。優越感を味わえます。それは、単なる自我の満足のための覚醒でしかなく、達成したら死ぬしかなかったのです。もう、それ以上の生きる目的がないからです。

でも、意識の覚醒は、人生の最終目的ではありません。日々の暮らしの中、当たり前に、あるべき状態なのです。

いっさいの言葉や思考なしの純粋な意識を、あなたがほんの少しでも垣間見ること、その最初の気付き、その小さな覚醒が、あなたにとって最も大切なことなのです。

自我の満足のためなんかじゃなく、すべてのためにすべての人がひとつの愛の意識として目覚めるべき時が来ています。

まず、今まで自分が一体化してきた習慣的な思考や、否定的な思考や言葉に「あ！」と気がつくことです。そのためには、決して無意識にならず、すべての言葉から距離を置き、何をも自分の所有にしないことです。思考が口から出たなら、何を言ったのかに気付き、所有しないことです。

これは私の例ですが、過去に、ある男性の知人と意見が食い違い、その時に私は「だから、男ってさぁダメなのよね」と言いかけ、「あ！」と気付いたのです。男性はダメだという思考があったことに気付き、しかもそれを所有し、採用していたから、知人をダメにしていたことに気が付いたのです。私は二度とその思考を所有しませんでした。

ここから覚醒が始まります（私は今まで「自分」が「こう思っている」とか、「これ」が「自分の考え」だと信じ込んできたものすべてが、単なるワードの羅列にすぎず、まるで電光掲示板の文字みたいなものだったということに気付いて、ショックさえ受けました。雷に打たれたような「あ！　そうか」という感覚です）。

ほんの少しでもできたなら、あとはもっと簡単になります。無意識を可能な限り減らしていき、気付く瞬間を増やすのです。

常時、気付くことができるようになったら、そこからはどんどん変化していくと思います。人生は喜びいっぱいになり、今までの人生が激変することでしょう。

内なる覚醒など全くなくても、お金持ちになるというような外側の目的は達成することは可能です。ものすごい努力、勤勉さ、時には狡猾《こうかつ》なやり方を通して、目標達成し、願望成就することができます。でも、心底からの喜びはほとんどなく、さらなる外側の目的に向かって、「もっと、もっと」と歯止めなく追い立てられていくことになります。そして、その結果に待っているのは、外側のものは何も所有できないというカルチャーショックだけです。

拒絶をしない無条件の愛

私たちは**空《くう》なる意識**です。そして意識は「受容」が土台になっています。拒絶をしない無条件の愛が土台なのです。生命の内なるスペース空間は、受容という質と、意図（天意・あい）という質の両方です。

私たちが今ここに存在させられているのも、スペース空間の中に受容されているからです。世間では断罪されるような人であっても、等しく受容されています。

私たちの内なるスペース空間にも、外側のスペース空間にも、いっさいの拒絶という質はなく、何の裁きもなく、優劣ランキングもなく、大きな大きな受容性となって包んでくれていま す。しかも、「こんなに受容してあげているよ」などと、威張っていませんし、ひけらかしてもいません。まさにイキイキした沈黙の受容性です。これが愛です。

なぜ、私たちにとって、この受容するという機能が大切なのでしょうか？　その理由はシンプルです。

自分の内面を見つめていると、どうしても自分の人格・性格のイヤな面に気付いてしまいます。そして、つい無意識にソレを隠したい誘惑にかられるはずです。不愉快な事実に直面するのを避け、あるいは気付かないようにして生きる、それがほとんどの人が行なっていることです。でも、気付かないでいる限り、そこが直ることも、進化することもありません。

自分を真摯に見つめ、スピリチュアルな道を歩む様々な段階で、必ず浮上する感情やフィーリングにはちゃんとした理由があります。それをあなたが避けたり、脇に追いやったり、抑えて隠そうとするなら、「私はもうこれ以上は、先に進みたくない」と言っているのと同じです。

でも、「受容」はそれらを開くのです。自分の中の、無視したり否定したくなるような側面も抱き入れていくことが重要で、それが「意識を使う」ということであり、愛の行為です。

あなたがずっと馴染んできた人間的な意識から、全くなじみのない高次の愛の意識に移行する時には、ある時期、「混乱」や「混沌」を通過するのは避けられませんが、実はそれが重要なプロセスなのです。自我の古い思考や考え方があなたへのコントロール力を失くし、新たな意識の確立が誕生するのは、混乱という「スペース空間」の中からですから。

自分自身の内なる変容にとって不可欠である「受容」という本質を用いること、それが意識を使うということであり、今この瞬間を意識的に生きるために絶対に必要なのです。

受容とは、分かりやすく言いますと「拒絶しないこと」です。

この受容という本質が働いている時は、私たちは裁くことも偏見を持つこともなしに、内面を見ていくことが可能になります。そして、見ることができたなら、気付くことができたなら、即、変容し始めます。この受容は、私たちのスピリチュアルな旅（神ながらの道）の第一歩であり、最も基本的で不可欠な一歩です。

二通りの生

生には二通りの次元があります。自我の生（有限時間の生）と、意識の生（永遠進化の生）です。自我の生は、ただの水平線上の平面的な人生時間を歩むだけの生、横波の生です。

肉体誕生をAだとすると、Aという瞬間から、次の瞬間であるBへと進んでいき、そしてCに進み、その連続の中で生き、最終的にはZが肉体死になります。あなたは、AからZへと進みます。AからZまでは円のようにつながって、深い轍《わだち》になっています。これが自我の仕組みです。

あなたが自我の思考パターンに添って水平に動いていくなら、誕生から死までの轍を歩むだけです。あなたが自我の思考に従って水平に進んでいくならば、肉体死は当然ということです。

ところが、「水平と垂直」の項でもお話しましたが、あなたは水平ではなく、垂直にも動けるのです。縦波の生です。AからBへ進む代わりに、Aの奥へと突き進むことができます（奥行と考えていただければわかりやすいかと思います）。これがもうひとつの生の次元です。2Dではなく3Dのように立体的に（縦波のごとく）進むことができるということです。そうすればあなたは、誕生と肉体死（生と死）の水平な領域から、根源の意識の領域へと移行（アセンション）でき、時間さえも超越でき、時間の影響下に入ることがなくなり、無限（不老不死）の扉を開けることになります。

創造の源そのものになり、過去のすべてを超えた新しい創造性（真のオリジナルな個性）を生みだすようになります。あなたはクリエイティブになり、過去にはなかった才能や能力を発動するようになります。この垂直の旅こそ、スピリチュアルな旅です。

人間の意識の成長は、今までのように水平に動くだけでは、もう絶望的です。垂直の成長によって、あなたの愛が深く広がっていくと、おのずと個性的な能力が発揮されるようにできています。そうなると、必要なお金や物事もやってくるようになっているのです。それが虚空のしくみでもあります。

ほとんどの人の意識の成長は完全に行き詰まっています。水平に進むことで、ある程度のお金や物は所有でき、知識も知恵も蓄積してきたかもしれません。富や財産が増えるせいで、自分は成功してとても幸せだと思い込んできましたし、知識と知恵が増えるせいで、自分は成長していると錯覚してきました。すべて、大きな勘違いです。

物や知識を持つのは水平の成長で、別次元へと超越する成長は、全体愛という垂直の成長です。地位、名誉、財産は水平の成長を推し進めようとするだけで、決してあなたを高次元の領域へと押し上げてくれるものではありません。

私の長期セミナー受講生の方の体験なのですが、大切な家族のお一人が急に健康面で不調が起き、病院で診てもらったら、あまり先が長くないと告げられました。その女性はパニックになり、メールで苦しみを私に訴えてこられました。

私は「とにかく感情のブレに振り回されず、眺めている側のご自分を中立に保ってください。家族といえども、ほかの存在の人生を良かれと思う方に操作することは不自然な反動をまた作るので」とお伝えしました。

そして彼女はただあるがままを見守りました。感情の嵐に乗っかることなく、水平な横揺れに乗っかることなく、目撃者に徹底したのです。

数カ月経った頃、彼女からのご連絡が入りました。ご家族の方の容態が健全になり、病院で診てもらっても、どこにも異常は見つからなかった、とのことでした。彼女の内面の意識が感情的な水平の生から出て、垂直な生へと進化したのだと思います。

ゴルディオスの結び目

目を閉じて内観するとよく分かりますが、思考やイメージや夢想や記憶がものすごくたくさん出てくることがあります。日常、目を閉じていない時でも、頭の中が言葉でいっぱいになったり、夢想でいっぱいになったりしているかもしれません。実にエネルギーと時間の無駄遣いです。

じつは、言葉や思考は、完全な物質にはなりきっていない半物質の状態にあります。そして、よくよく理解していただきたいのですが、人工的な言葉や思考や感情などの半物質が森羅万象を創っているのではありません。物質を超えた純粋な意識、人間の脳を超えた偉大な創造意識が、あなたを含めたすべての現実を光によって創っているのです。光という超ミクロの状態を、物理的な状態にまでマクロ化（創造）し、またそれをミクロ化（真の死）していき、ゼロに戻すのです。

これらの創造行為（錬金術）は、人間が絶対に壊すことができない永遠不滅の虚空のシステムです。そうなると、このシステムに入りたくない自我、つまり自分という個人を頑固に維持したい自我は、完全に光になってゼロに戻る前の段階で、自分のミクロ化をストップしようとします。そのために、中途半端な幽玄の次元を作って、そこを居場所にするのですが、それが世間的な「死後の世界」（中有）です。

肉体の死後、ほとんどの人は自我（感情体と思考体）を手放せません。それは完全に光となって虚空へ入ることが怖いからですが、そうなると、とりあえずの行き先を創らねばなりません。ですから、皆のイメージで創った偽の死後世界に、皆で入り込むようになりました。それを幾世にもわたって繰り返していると、死後はそこに行くのが当たり前になってしまったのです。

そのうち、同じものを繰り返して見ていることに飽きてきて、私たちの意識は眠ってしまいます。そのまま意識が覚醒できずにいると、新しい肉体に生まれ変わっても、あいかわらず思考の記憶に一体化したまま、過去世と同じような感情的現実を繰り返し再現しながら、生きることになります。

いかなる気分やフィーリングや感情についても、何とかしようとあくせくしたり、いつまでも思考したり、延々と考えないことです。「これは私の感情だ」「これが今の気分だ」とさえ言わなくていいのです。なぜなら、それらの感情はすべてが過去の情報だからです。過去に、こんな気持ちを味わった先祖がいた、そして、過去世においてあなたがそんな思いをしたということへの実感的な理解が目的だからです。

考えればキリがありません。そして、出口のないループに入って、一生をそこに費やすだけです。この思考のループ、この轍《わだち》を「ゴルディオスの結び目」と言いますが、思考の神経束がキッチリと固いロープのようになって、ガチガチの結び目を頭の中に作っていきます。この結び目は、思考だらけの結び目であり、終わりのない底なし地獄ですから、真の解決に導かれることは絶対にありません。

解決したいなら、思考の結び目から出るしかありません。思考から出れば、感情からも出ることができ、おのずとすべてが解決します。もし、あなたに必要があるものならば、思考せずとも、気付きや理解が必ず訪れます。

自分だけの幸せ、全体の弥栄

『黄金の華の秘密』という本の中にこんな話がありました。要約すると、次のような感じです。

ある覚者が虚空の扉に到達しました。すると扉は開き、天上の音楽が奏でられ、黄金の花が降り注ぎ、花輪を手にした天人たちが彼を歓迎しようと待ち構えていました。ところが、覚者はそこに入ることを拒み、扉に背を向けたのです。

覚者は言いました。「いまだに苦しんでいる無明《むみょう》の者がいる。一人残らず光明を得ない限り、私は中には入らない。私は最後に入るつもりだ。他の者たちを先に入れよう」と。

この寓話によると、その覚者は今もなお扉の前で他の者を待ち続けているそうです。扉はその覚者のために開けっ放しになっています。こうして天上の音楽は流れ続け、黄金の花は今も降り注ぎ、天人たちは花輪を手にして待ち続けているそうです。

このお話は、私の体験からも深く共感せざるをえませんでした。そして、そういう覚者たちのエネルギーが、今なお菩薩となって私たちを見守ってくれていることが分かり、心強く嬉しく感じました。

じつは、2016年の秋くらいから、私自身には個人的な悩みが完全になくなり、ほかの方々から見れば「単に能天気なだけじゃないの」と思われるかもしれないのですが、本当に幸せな感覚が完全に確立されてしまいました。そして、日々、特に何の不満もなく、このままずっとこんな感覚で生きていけるのかと思った瞬間、すっかり安心しきってしまい、他の人々のことが全く気にならなくなったのです。悪く言えば、無関心になったともいえます。

ところが2016年の年末近くになったある日のこと、リビングでくつろいでいた私の頭上で、大きな声がしたのです。

「自分だけが至福であれば、それでいいのか！　しっかりしろ！」と。

「あぁ、本当にその通りだった」と猛反省いたしました。全体繁栄（弥栄）のために誠を尽くすと自らが決めたからこそ、あらゆる物事が波に乗り始めたのです。それなのに、自分だけが覚醒や至福を得たからといって、万物万我に誠を尽くしていくという天の仕事が終わったわけではありません。私もあらためて「なんでもさせていただきます」というように気持ちを切り替え、現実に向き合って実践していく意識を二度と眠らせないようにしています。

この根本的なことは、セミナーなどでもエネルギッシュにお伝えしているのですが、個人的に楽になった段階で、多くの方がホッとして、幸せに酔ってしまい、つい意識が怠惰になっていく方もおられます。いったん怠惰になると、立て直すことがますますキツくなりますから、日々、ご自分の意識をシャキッとさせておいてください。

自と他が消滅するとき

気がつきませんか？「受け容れる」と申しましたが、じつは「受け容れる」という表現にさえも、微妙な自我がある、ということに。「私が」相手を受け容れるのだ、と思っていたりするからです。偉そうな「私」がいるのです。

「私」に意識を置くのをやめてください。「私」というポイントは、偽の中心だから、です。「全体ひとつ」のためには、「善」と「悪」の両方とも放棄しなくてなりません。この自と他における善と悪の両方を放棄すると、両方の融合が勝手に起きるのです。両方が受け容れあうという宇宙の動きだけが自然に起こるようになっています。

「自」と「他」が消える点、そこが虚空のゼロポイントです。愛の出発点であり、純粋な意識が覚醒し、育つところです。

「私」という個人、「私」という自我が消滅すれば、そこには「受け容れ」だけが自然に起こります。そういうふうにできているのです。あなたの中の自我というあなたとの一体化から抜け出しましょう。

「私が」という私の自分は、言い方を変えれば自分信仰です。私が生きている、私が食べている、私が勉強している、私がやっている……必死に努力しているのは何のためですか？　自分のためではないでしょうか？　そうやって「私」で自分の中をいっぱいにしないでください。

「私が」がいっぱいになるほどに、「私のもの」という所有意識も厚くなっていきます。

私のお金、私の考え、私の気持ち、私の病気、私の悩み、私の苦しみ……そういうものがあなたを楽にしてくれたことがありましたか？　「私」という個人がなくなれば、それらはすべて消えてしまい、それらに関する苦しみでさえも消滅するのです。

個人的な自分（自我）、つまり「私」が消滅する時、「あなた」も消えます。自と他が消えます。すると、ただ愛だけが残り、「敵対」がなくなります。全体ひとつの存在になり、不安や孤独がなくなっていきます。もともと虚空という大いなる創造の意識には、自他の分断がありません。私たちの意識も、このような自然な意識に戻らねばならないのです。

愛に成熟する

どんなに稼いでも、どんなに賞賛されても、どんなに成功者と言われても……「もっともっと」と求めてしまうのは、怯《おび》えながら生きているからです。真の愛を欲しがっていることをほかの人に見透かされそうで、怖いからです。多くの人が常にビクビクしながら、愛の代替行為として、お金、名誉、肩書き、賞賛、ビジネスの成功を渇望しているのです。

ほとんどの人間は、単に年齢を重ねただけで、幼稚な自我のままこの世を去ります。何歳になっても意識の成長もしていません。

赤ちゃんから幼児期の間、私たちは母親に依存して生きています。命綱としての母親がいなければ生存できませんから、それがどんな母親であっても自分の母親に執着します。このときの母親への愛は、母なしではいられないという「欠乏」からくる執着で、真の全体愛としての愛ではありません。そしてミルクだけではなく、母からの愛も食べながら育っていくのです。

つまり、常に「与えられている」こと=愛、という概念を教わってしまうのです。

この欠乏感に端を発した執着としての愛のまま、愛を本物にすることなく、年を取っていく人のなんと多いことでしょう。この幼稚な執着という自我のコントロールのままに、常に「与えてもらう」という外側からの愛を欲しながら、一生を過ごしていくのです。

真の愛を知らない人は、年を取ったら取ったで、その自分の執着を恋人や伴侶、子どもや孫に向けることになります。自らを捧げるような愛の意識ではなく、相手をコントロールするような偽物の愛をそそぐようになるのです。

大きく分けて、世間には二種類の愛があります。

アブラハム・マズローは、「欠乏の愛」と「本質存在の愛」とに分け、クライブ・ルイスは、「必要の愛」と「贈る愛」とに分けました。「欠乏の愛」や「必要の愛」のほうは、他者に依存する未熟な執着のことです。愛という文字を使ってはいますが、真の愛ではありません。幼児の時のまま、ただ必要だから、相手を手段として利用しているだけなのです。とても巧妙に操作し、上手に支配し、所有しようとします。情が深くて、まるで愛のようにも見えますが、他者を利用しているに過ぎないのです。

人間が学ぶ愛のレッスンは、子どもの頃から開始しているというのに、それをまともに実践する人が少ないのは、本当に残念なことです。

このような、外からの愛を必要とする未熟さから卒業して、逆に愛を放ち始める瞬間に、人はようやく成熟します。

与えられることを愛だと信じてきた人間からすると、愛を放つことは本当に難しいのです。お金が入ってくるのは痛くもかゆくもないけれど、お金が出ていくのは痛いですよね。それと同じで、愛を放ち続けていると、自分がすっからかんになってしまうようで、不安になるかもしれません。その痛みを孤独と勘違いしないでください。痛みを受け容れ、愛を放ち続けていくと、自分が失われていくのではなく、自分の中からさらなる愛が溢れ出してくるようになります。そして、自然と与えはじめ、全体と分かち合いを始めるようになります。これが真の愛に成熟する、ということです。あなたが愛に成熟する時、意識はもう覚醒しています。そして、意識の覚醒が起これば、愛はいやでも現れるのです。

愛として成熟するにつれ、いかにもっと与え、無条件に与えるかが重要になっていきます。

この時、**愛は依存ではなくなっています。相手がいようがいまいが関係なく、常に愛の状態でいられるようになります。**

愛は「関係性」ではなく、まさしく自立した状態のことなのです。他人がいようがいまいが、全体なるものに、愛の喜びを捧げ続けます。それは、私たちの究極の本質であり、存在の愛そのものです。

成熟した愛は、私たちの思考や感情の中にはありません。あなたの純粋な意識空間（内なる虚空）にあるのです。成熟した他者にも純粋な意識空間があって、その尊厳のスペースを、お互いが侵したり、支配操作する時、自由な愛の空間ではなくなっていきます。

愛に成熟している場合、つい未熟な人をなんとかしてあげようという気になるものですが、これはやめてください。相手を変えようとすることは、暴力的コントロールになります。余計なお世話なのです。人は、人からの操作では絶対に変わりません。エネルギー的な圧をかけるのではなく、ただ求められた時にのみ、気付きを促すサポートをするだけで充分です。

未熟者が愛へと進化するために、全体に対して「贈る」「与える」というレッスンをすることがあります。その時、成熟した者が未熟者から何かを「受け取る」ことによって、未熟者の進化へ貢献することがあります。その場合のツールが、お金だったり、物だったり、行動だったりするのです。

成熟した者が未熟者から何かを受け取る、これはどういうことなのでしょう。たとえば私のOL時代の体験ですが、会社の収入に支障をきたすようなミスをしたことがありました。10万円くらいだったと思います。一瞬怖くなりましたが、勢いのある会社でしたし、社長も実に成熟した方でしたから、「きっと今回のことは、始末書くらいで済むかも」と、どこかで私は甘えた期待を持っていたのです。

ところが社長は私に、「これは心から君のために言うのだけれど、損金は自腹を切って出してもらうからね」と優しく言いました。その時、全く腹は立たず、むしろ自腹を切らせるという経験をさせてくださったことに感謝しか湧きませんでした。

そして、その後が感動だったのです。社長は「僕も、その半分の金額を自腹で出させてもらうから」と言ってくださったのです。まさに未熟者である私に、ちゃんと自腹を切らせるという貢献をしてくださった社長、その深い愛に頭が下がり、未だに忘れられません。

聖なる独りの意識で

子どもの頃は、所有の中心を「自分」だと思ってしまいました。自分の得になることなら、何でもかんでも自発的に関係していき、たくさんのものを集めて自我を肥大させてきたのです。偽の自分、偽の中心に生きることが子どもなら、大人に進化するということは、真の自分を見つけることに他なりません。それは、純粋な「独り」という意識のことです。

宇宙の源である虚空は、全体的な「ひとつ」です。そこには自他の区分がないため、大いなる「独り」という意識しかありません。

愛に満ちた**「聖なる独り」**（天上天下唯我独尊）という根本にまで進化しましょう。

他の誰とも絶交して孤独になりなさいという意味ではありません。

多くの人が勘違いしているのですが、独りの感覚とは、孤独・寂しさとは全く異なるものなのです。孤独という感情は、あなたが独りであるという事実から（無意識に）逃げようとしている時に生じる感情なのです。ですから、あなたが完全に独りであることの責任を受け容れる用意ができ、独りを受け容れることができたなら、孤独や寂しさなどみじんも感じなくなります。

子どもの頃からの無意識なクセである「愛を独占したい！」「賞賛や承認を独占したい！」という所有への衝動は、裏を返せば、「独りではいたくない」ということの表われです。

もちろん、偽の中心（自我）からの欲求ですが、とにかく仲間を求めます。

でも、親といえども独占所有は難しそうだし、いつ心変わりするか分からないし、どこか完全には支配できそうにもないという気がするのです。

そこで大きくなってくると、物質という仲間を求め始めます。家族や友人や上司と違って、お金や車や動物と一緒に暮らすことは、さほど大変ではありません。ですから、所有という努力は、最終的には意識を持たない物質へと向かっていきます。

ただし、覚えておいていただきたいのは、やたらと知識を持ちたがることも、物質欲と根っこは同じです。プラス思考・情報・概念などをかき集めるのも、物質の所有と同じことです。

多くの人が、独りである事実を受け容れないために、自分の孤独（独りではいたくない）から逃避していきます。

愛に満ちた独りを受け容れずに、独りである事実から逃げる人たちだけが「彼氏をとっかえひっかえして、常に恋人がいる状態」ですとか、「仲間はずれにならないように、他人の顔色ばかりうかがっている」とか、「ＳＮＳの〝いいね！〟を集めてしまったり」だとか、何とか他者からのエネルギーをもらおう、好かれようと努力するわけです。つまり、社会や周囲の人達を利用して逃避するのです。

私たちは、愛というものに関しても、勘違いをしてきました。

特に世間で言うところの異性愛は、所有の興奮であり、「のぼせ」です。あなたが誰かを愛し始めて、自分のものになると、熱は冷めます。以前のようにのぼせなくなります。でも、障害があったり、完全に所有できていないと思えば、偽愛は熱烈になります。障害が多いほど熱烈に感じられます。ジャマがあるほど、自我は何とかしようと奮闘します。それは自我の問題です。世間的に愛と呼ばれているものは、単に自我の「のぼせ」「緊張」「奮闘」「葛藤」であり、偽愛です。

異性間の熱愛は、個人と個人の「関係性」のことを言いますが、私たちの本質の愛は「状態」です。

愛とは、異性への関係性に依存するような性愛のことではなく、どこまでいっても、孤高の独りにおける「全体ひとつの意識」のことです。この真の愛は、個人の性愛を超越しており、壮大な万物一体愛なのです。いかなる恋愛も、いずれはこの万物一体愛にまで高まり、深まり、進化することができるのです。

もしあなたが、全面的に独りの意識でいられるなら、たとえほんの一瞬でも独りの神聖さを明確に知ったなら、その時、自我（偽の中心）は消滅します。自他が一体化して全体全員とも溶け合ってしまいます。真の一体感を感じて、淋しいはずがないのです。淋しさや恐怖を感じるのは、真のあなたなのではなく、偽のあなた（自我）だけです。

孤高の勇気

人生のほとんどのトラブルは人間関係から発生するものですが、喧嘩や仲違いだけでなく、偽物の仲良しこよしで苦しんでいらっしゃる方もたくさんいます。むしろ、そちらのほうが大変かもしれません。

心理学では「共依存」とも言われる、それのような状態です。たとえば「私たち、友達だよね」「私たちは家族だから」という言葉でお互いを縛り合います。これは、甘くてベタベタした「情のエネルギー・コード」をお互いに挿し合っているのです。

これは、決して相手から勝手に挿されるものではありません。知らないうちにあなたに挿された情コードも、あなたにコンセントがあって空いていたから、です。「いいよ、いいよ、そのコード、ここに挿しなよ」と、自ら相手に挿させたのです。支配したり、支配されたりして嬉しいからです。それを世間では相思相愛などと呼びます（笑）。そんなベタベタしたものに真の愛はありません。

その情コードの根っこには、「独りであること（孤高）は淋しいもの」という間違った思い込みがあります。ですから、他者から見捨てられたくないと、情コードを挿し合って、それを「キズナ」などと呼ぶ人もいます。そんなものは「偽の絆」だと早く気付いてください。情コードの挿し合いは、あなた自身の進化を止めることにもなりますから。

「誰でもないあなた」、それは孤高の喜びであるし、唯我独尊の喜びです。この地球で、誰でもないオリジナリティで伸びやかに生きていくために、今の肉体をいただいたはずです。孤高は、決して淋しいものではなく、自由への第一歩なのです。

大人になるということは、「誰でもない自分」という意識になることですが、誰かに依存している神など、聞いたことがないと思いませんか？

いつまでも甘えた「幼児大人」ではいられないのです。スイーツばかり食べていても駄目なのです。ピリリと辛いもの、苦い味のするものも、味わっていくべきです。

何かを学ぶにしても、依存するのではなく、お互いが対等な存在として向き合いながら学びあうことが大事です。

- 人とつるまない（人を避けていることとは違います。和して同ぜず）。
- 人に甘えない。はしゃがない。
- 何に対しても、独りの気持ちで向き合っていく。

こういった内面的な孤高の状態は、いずれは身につけなくてはならないものです。子どもであろうが大人であろうが、関係ありません。わざわざ、ピリ辛の状態を作ってまで、孤高の勇気に挑む魂の持ち主もいるくらいです。

今までの情コードに感謝をして、そのコードを家族や友人や先生から抜いてください。自分自身だと思っていたものからも抜いてください。自分のお金からも抜いてください。他者や、気になる人からもすべて抜いてください。

ご自分の身体から情のエネルギー・コードを抜いたあとは、ポッカリと穴があいた「空虚な感じ」（ゼロ）になるはずですので、そのゼロ穴から、愛を祈り、愛を放ちながら行動していってください。これでゼロ穴は、あなた自らが放つ愛によってちゃんと満たされます。

悠久の聖者へ

私たちの生は、絶え間なく永遠に続いていきます。あらゆる瞬間ごとに新化（進化）し、前進していきます。ですから、生きることに関して、意識と肉体がある限り、私たちは決して立ち止まったり、後戻りすることができないのです。生命が絶え間なく拡大発展していくなかで、一瞬、一瞬、さらに偉大な気付きと理解を得ていくようになっているからです。何も気付きが得られない時でさえ、「何も気付きを得ていない」ということに気が付けるのです！

経験という学びがどんなものであれ、そこから得た気付きに対しては、絶対に「審判」を下すことも、「罪悪感」を持つこともしないでください。なぜなら、経験からのはっきりとした気付きと学びこそが、覚醒と呼ばれるものだからです。あなたは自分がする必要があったことを、今までにすべて体験し続けてきたのだと理解しなければなりません。あなたが何を選択してきたのであれ、その全部が必要なことであったのです。

私たちの生は、明日も、そして次の日も生かされ続けます。またその次も、ずっと生かされ続けるのです。その時、今日という日に気付いたよりももっと多くを、次の日の自分が理解したことに気付くでしょう。

生かされていくことは、気付かされていくことなのです。

あなたの愛の意識の成熟のために、霊的な進化のために、あらゆることに気付いて叡智にするために、この宇宙全体が用意されているのだということを忘れてはなりません。何とありがたいことでしょうか。あなたがすべての生から叡智を得て、霊的に（魂的に・スピリット的に）成熟するためには、あらゆる状況や状態を経験し、あらゆる感情を味わい、あらゆる二極の行為をやりつくすことしかないのです。

この物理次元の地球に生まれたすべての人は、どんな環境にいても、どんな立場であろうと、どんな身分であろうと、何かを学ぶために自分で体験を選んだのです。そこから学び、そこから気付いて、さらに違った経験へと移っていくだけであり、その別の経験は、自分の中にある真の実在（大いなる愛の意識）にとって、ますます偉大な理解をもたらすものとなります。

生における経験は、人間の意識の中で創造された「あらゆる幻」を内包しています。人は皆、いつかどこかの時点では、聖人であり極悪人であり、加害者であり被害者であり、征服者であり征服された者であり、親であり子どもであり、男であり女であったのです。誰もが例外なく、「すべての人」であったということです。

もしあなたが、自分の背中に重くのしかかる物をかかえているなら、かかえていることが自分を心地よくさせるならば、そのまま重荷を背負っていてください。

でも、もしその重荷から学ぶべきことをすべて学んでしまって、重荷にウンザリしているなら、否定せずに手放してください。どうやって手放すのでしょうか？

その重さをそのまま招き入れ、受け容れ、あなたの内面にそれらがあったことを認め、許し、さらに祝福することによってです。そうなれば、あなたは生きることの喜びや生命の素晴らしさを、何の価値判断することなく、何の審判も下すことなく、人生や現象の中の愛をそのまま素直に感じることができ、今この瞬間に生かされて存在する、ただ在ることの喜びが湧き上がるようになります。

過去に自分がしてきたすべてがあったからこそ、今の自分が在るということを理解してください。罪悪感を持ち運ぶなどもってのほかです。悲しみに浸り続けるとか、恨み続けるとか、怖がり続けるとか、つまらない「まねごと」をやめるだけで、真の生の喜びが経験できます。

あなたが今まで審判を下してきたものすべてを招き入れ、軽蔑してきたすべてを受け容れたなら、他者がそういう体験をしているのを見ても、それに対して思いやりを持つことができるようになります。その時あなたは、虚空があなたを愛するのと同様に、あなたも他者を受け容れて愛することができます。**まさに全体愛の虚空そのもの、神そのもの、超越した意識存在になっていると言えます。**

あなたは愛の意識そのものになることで、人格という自我から、いわゆる霊的な存在に生まれ直すのです。

ただし、禁欲や清貧や、世俗を捨てて山にこもることが霊的なことではありません。

生を最大限に体験し、人生における清濁をあわせ呑み、気付きという叡智が究極のところにまで到達すること。そして、生きとし生けるもの、自然も宇宙も、この森羅万象のすべてを受け容れ、何もかも愛することができるほどの状態になるということなのです。

禁欲は、抑圧のことではない

欲望を抑えることが修行のように思われてはいませんか？　人間は煩悩のかたまりですから、それを抑えつけることで霊性が高まるように思うのも当然かと思います。特に食欲、性欲、睡眠欲の三大欲は生命体としての欲です。その欲を否定することが禁欲ととらえている人も多いのではないでしょうか。

特に断食は、最近ではすっかりメジャーで、健康法として取り入れている方もいるようですし、また精神世界に興味を持たれた方なら一度はチャレンジしたことがあるかもしれません。「私は○日間、断食を成し遂げた！」と自慢をするような方がいますが、残念ながら食事を抜くこと自体には霊性など関係がありません。なぜならば食事を抜くだけなら、誰にでもできるからです。胃腸を壊していても達成できますし、食べ物に困っている国の人は、いやでも食事を抜かざるを得ません。霊性などなくても、努力で実践できるだけのことです。単に「断食を達成できた」という記録更新で、自我を満足させているだけです。肉体に苦痛をしいることで、自分はなんとなくスピリチュアルだと自己満足もできるかもしれません。

食事を抜くということ自体は、本来の自然な断食とは全く異なる次元のことなのです。

本来の断食は、「霊性の中で生きること」です。霊的本質を発揮しながら生きるということです。自我によって食事を抜いているだけの行為は、霊的本質から発生した行為ではなく、むしろ相反する行為です。


自我が消えて豊かな愛の意識の中で生きている時、成りゆきとして食事を抜く状態が多くなることは確かにあります。不思議なことに、肉体と一体化しなくなり、肉体に振り回されなくなった時、食べ物をさほど必要としなくなります。肉体にまったく新しいプログラムが発動するからです。その時、あなたは食べ物からエネルギーを得るのではなく、霊的本質の世界にある愛の光からエネルギーを受け取るようになるからです。それを「プラーナ」という人もいます。

人は食べ物ではなくて愛の光「プラーナ」を食べて生きていられる、と聞いたことがある人もいるかもしれません。不食の人が光を食べて生きている、と言ったりするのは、そのことです。

それを何も知らない人が見ると「食事を抜いて断食をしている」としか見えないでしょう。ところが本人の内部で起きていることは、「食事に振り回されていない」ということなのです。自我からの「食べない」行為は、食べ物に意識を残したまま、一生懸命肉体を痛めつけているだけですが、本来の断食は、食べ物には関わりを置いていません。

禁欲とは、肉体を拷問することではなかったのです。

私たちの意識が肉体のみならず感情体、思考体と一体化しなくなった時、肉体が今までと全く違うしくみで機能し始める、これを禁欲というのです。ですから、断食も性的な交わりを断つことも、意識がいつまでもそこに残っていたら、禁欲にはならないのです。

禁欲の修行として異性との交わりを抑圧する人も同じです。愛の意識の状態になればなるほど、つまり霊的本質のなかで生きている人は、食事と同じように「セックスはあってもいいし、なくてもいい」という程度のことになるのです。肉体としての異性ではなく、全一愛をはぐくむことに意識を注いでいるからなのです。

つまり、禁欲で肉体を拷問して霊性が高まるのではなく、霊的な本質として生きる時、自分が純粋な意識だと覚醒する時、単なる肉体ではなく、光の体（光の存在）として私たちは進化する、その時に肉体としての欲望が消滅するということなのです。

肉体の浄化によって肉体は「空」になります。
感情の浄化によって感情体は「空」になります。
思考の浄化によって思考体は「空」になります。

肉体、感情体、思考体と私たちの意識が一体化しなくなった時、そこには何の欲も野望も残されていないのです。これを禁欲というのです。

動物や植物ともつながれる

私たちの本質は純粋な意識そのものですが、その意識は静かで満ち足りていて、ただ愛として在る「聖なる女性性」の側面を持っています。そして、その意識が全体繁栄という意志を発動する時、真の自分と呼ばれる動的な側面、「聖なる男性性」を持つようになるのです。これを聖霊と呼ぶ人も神と呼ぶ人もいます。

この真の自分が物理次元で活躍するためには、肉体とつながる必要がありました。真の自分はこの地球上で自分の意識の向上について、たくさんの学びと体験をしたかったのです。**真の自分とは、虚空の意志（全体繁栄）をそのまま引き継いだ光の存在のことなのです。**

ところが、いつの頃からか、私たちの内なる聖霊は自我に取って代わられ、眠った状態になってしまいました。世間から刷り込まれた「幸せの法則」とやらに縛られ、自我が肥大していくばかりでした。

「自分が思うような幸せ」が必ず用意されていると錯覚しているのが、まさに自我なのです。この自我のこだわりを空っぽにする、それは自分の趣味や好みを、いかに「ゆるめる」かということにかかっています。

「私は何にも執着していません。来るもの拒まず、去るものを追わず」と言えたなら、最高に自由です。本当にどっちに転んでもいいし、何が起きても楽しめる、どんなことでも愛を込めて経験できる、と思えたら最高に至福です。

物理次元のあなたの受け皿が、個人という自我でいっぱいになっていたら、真の自分はあなたの中で目覚めることができません。

注意すべきは、思考と感情体が静寂で空っぽになっている時、ついつい我慢できずに、何かを勝手に詰め込みたくなることです。自然に指令が来たり、自ずと埋まってくれるのを待っていられない時、またしても自我が強化されてしまいます。これは、まるで収納があるとモノが増えてしまう、片づけられない家のような状態です。捨てて、スペースを作って、スッキリしたと思ったら、また買い物をして、そのスペースを埋めてしまう……。「空いている」ということに不慣れなためです。

あなたが真の自分として生き始めると、人類に奉仕している他の高次の存在たち（たとえば天使や神々）だけでなく、動植物の中にも存在している純粋な意識にもつながることができます。これらの高次の存在たちと結びつくには、あなた自らを真の自分として自覚すればいいだけなのです。誰の許可も必要ありません。

あなたが真の自分として生きていくと外側の世界からではなく、自分の内面から色々な導きや直観やアイデアを得るようになります。世間の大衆の考えを超えた、新しい考えを受け取ってください。そうやって動き出したものは、今まで自分がやってきたものとは動き方が明らかに違います。あなたが考えられないほど、嘘みたいにスムーズに動いたりします。

虚空に導かれた道には、障害物はないのです。この素晴らしい奇跡をあなたにもぜひ体験していただけたらと思います。

そして、それらは外側の現象というよりも、まず内側で味わう体験だということです。どんなに当たり前の日々のように見えても、それがどれほどの「奇跡の連続」で成り立っているのかということを、あらためて感謝できるほどの内面の余裕（スペース）が必要です。

雑多な思考がなくなっていくにつれ、あなたの内面には常に奇跡を感じるだけの「ゆとり」ができ、すべてに対する慈しみや愛がおのずと湧いてくるようになります。

この時、あなたは虚空や宇宙とひとつになり、その叡智や神智《しんち》と直結し、あなた独特の奇跡を感じることができるのです。いかに奇跡しか起きていないかが分かり、驚愕《きょうがく》するのです。

外側は、すべてあなたの内面の反射です。あなたの内なる愛の意識によって、外側のすべても奇跡の色合いを帯びるのです。

第8章

空《くう》の扉を開く

宇宙最初の瞬間

創造の意識である虚空から、この宇宙のすべて、生命体のすべてが創造されました。
ですから、私たちの身体のベースにも、虚空という創造の意識が必ず存在しているわけです。
ということは、私たちの深い潜在的な記憶には、その「最初の瞬間」が刻印されているのです。

気軽なイメージでよいので、少しばかり歴史をさかのぼってみてください。大いなる創造の意識が、人間という生命体を創った直後のことを考えてみてください。今のような経済社会もできていません。ビジネスもありません。まだマインドコントロールもなく、支配や操作も起こっていません。任務や労働もなく、いっさいの責任も役目も生じていません。

惑星での経験が全く未知の状態ですから、イヤな出来事の記憶もいっさいなく、感情的な傷も生まれていません。あなたにも、まだいっさいの人間体験という過去の記憶がないから、過去への郷愁や執着もありません。未来への特定な期待もありません。ただただ、いのちの躍動の喜びと共に、未知のすべてを体感しようとワクワクしていただけのはずです。何の制限プログラムもなく、限界を感じることもなく、自由な意識だったはずです。

虚空は自らを二分割して、その片割れの意識を物理次元にまで降下させましたが、この降下したほうの意識が、物理次元での経験のすべてを虚空へとフィードバックさせる役割になったのです。

あなたの本質はこの両方が統合されたトータルな意識であり、物理次元の人間という生命体のカタチが創られるずっと以前から存在していたのです。

ですから、今までの人間の歴史、世間や社会や家族の歴史の経験や体験をいっさい引きずることなく、過去の経験から学んだことさえ手放して、あなたの個人的な過去、あらゆる過去の時間と空間も飛び越えて、完全な宇宙最初の始まりの瞬間にまで、あなたの意識をさかのぼらせてみてください！　あなたなりのイメージで結構ですから、宇宙がやっと空間として開いたことを感じてください。

いったん、この創造の瞬間点「ド初《しょ》っ端《ぱな》」の原点にまで、個人的なあなたの意識を戻してみてください。そして、あなたの意識をそこにずっと置き続けてください。

まさにここが全創造の原点で、あなたの立ち位置だからです。そこには個人というカタチも個別のカタチも存在せず、大いなるすべての意識があるだけです。ここが繁栄や進化や豊かさの創造点です。過去や記憶も生じておらず、未来イメージさえもありません。つまり、時間というものが全く存在していないのです。だから無です。空っぽです。

その「ド初っ端」の意識が、喜びをもってこのように意図したのです。「すべてが栄えあれ！」と。この宣言、つまり天意《あい》によって、宇宙も地球も人間も創られたのです。「すべてが栄えあれ！」という天意《あい》は、あらゆる創造の最強の根本土台であり、完全に最優先の宣言ですから、あなたの意識がここから外れていくほどに、喜ばしい創造からは縁遠くなってしまうのです。


あなたの頭の中には、過去の経験がいっぱい残っており、過去の悔しさと反省に基づいた、個人的な未来への期待や願望もたくさんあることでしょう。でも、それは自我のエゴイスティックな期待と夢に過ぎません。**過去の時間を引きずった意識ではなく、いっさい何も始まっていない瞬間（時間のない世界）の意識をもとに、毎瞬を生きてください。**

スペース空間にある天の意図

全体、全員、全次元、あらゆるものに対して、虚空が純粋に願った「栄えあれ！」という意志、意図、それを「天意」（あい）と言います。

その天意が、宇宙空間に光となって広がった時のバイブレーションのことを「愛」と言います。

つまり、宇宙の「スペース空間」そのものが愛ということです。「受容的」であり、かつ「積極的」に、永遠に天の意図（全体繁栄）を発動し続けます。

この愛のスペース空間の中で、思考や感情などの波動も発生し、消滅し、動くことができるのです。

そして、私たちの体内空間も、宇宙と同じスペース空間の愛なのです。だとしたら、あなたが自らの内なるスペース空間（それが真の自分の体）を自覚すればするほど、つまり思考や概念言語ではない空白のところを自覚すればするほど、光の愛は活発になります。元気になるのです。

スペース空間の愛は、人間の感情とはかなり違っています。淡々とした宇宙的な波動（縦波）で、感情（横波）のようなインパクトはありません。表面的にはニュートラルで、静寂なのです。しかも、感情はいつか壊れて収まりますが、スペース空間の愛は壊れることがなく、永遠無限に在り続けます。

人間の感情としての愛のようなもの、それは今ここを起点にした横波のようなものです。スペース空間の永遠の愛は、今ここにおける縦波ですから、全くブレません。

私たちの本質は「愛の意識」ですが、それはどこにあるのでしょうか？

意識は、各自の「身体空間」のすべてに行きわたって在ります。愛の意識は無限大ですので、本当は今ここにある身体の「内側」だけでなく、身体の外側にも広がっています。どこもかしこもあなたの意識のスペースなのです。

私たちという存在は「スペース」と「エネルギー」の両方です。意識であり、意志でもあるからです。私たちは流動し変化するエネルギーとしての自分に気付くこともできれば、そのエネルギーが流動するためのスペース空間にも気付くことができます。ただ、スペース空間に気付く人は少なく、ついエネルギーのほうにばかり意識を向けて、操作しようと焦っています（スペース空間はとても大事なものなのに……）。

「エネルギー」は天の意志によって自ずと動くのです。それなのに、個人的に「良かれ」と思う方向へ早く動かそうと頑張ります。多くの人は、動くもの（エネルギー）にばかりフォーカスするクセや、早く変化させようとするクセや、良かれと思う方向へ動かそうとするクセがあります。しかも自分が好きな方向、良いと考える方向へ動かして変化させようとして、余計にバランスをくずします。

そのような操作の「術」を使わなくても、あなたの純粋な本質である「スペース空間」をちゃんと「自覚する」ようになれば、**あらゆるエネルギーが自ずと調和して働くようになって**

いるのです。これが天の錬金術です。錬金術には「魔法の溶鉱炉」が最も大事で、その溶鉱炉（＝実験室）とは、まさに私たちの「身体のスペース空間」なのです。スペース空間がなければ、あなたのエネルギーは流動できず、変化もできません。

私たちの体内のスペース空間は、くつろいでいる静寂な空間です。夜、眠るとき、私たちは必ずスペース空間の中で休みます。ところが、スペース空間に気付かないで、そこを意識できずにいると、私たちのエネルギーは緊張し、流動と休息のバランスを失い、やたらと動くほうばかりに片寄っていくのです。

私たちの内なる「身体空間」、このスペースをちゃんと自覚することで、「スペース」はゆったりと広がります。すると、固まっていた自我の思考・不安・期待・理想像なども浮上しやすくなります。浮上した時、ちゃんと気付いてあげて、スペース空間の中に許可して（受容して）いるだけで、勝手に調和されて昇華していきます。この内なる身体空間、「スペース空間」のことを「ゼロポイント・フィールド」とも言います。無条件の愛の空間であり、深い受容性の空間です。

肉体はあなたの意識が選んだ聖なる神殿

意識の話をずっとしてきましたが、決して意識と肉体に優劣をつけたかったわけではありません。誤解のないように、肉体についてお話ししたいと思います。

物質としての肉体があったからこそ、私たちは物質世界を体験できました。観ることも、聴くことも、香りをかぐことも、感じることも、味わうことも、触れることもできたのです。五感だけでなく、それを超えた繊細な感性も、肉体を通じてギフトされたのは、この肉体のおかげです。肉体をいただいたことに是非とも深く感謝してください。

肉体が存在するだけなら、動物と変わりありません。もちろん、動物が悪いと言っているのではありません。ただ、私たちの内面には、動物にはない霊的な自分としての愛の意識が眠っています。動物との差は、この愛の意識を覚醒させて活用するかどうかです。

この真の自分が、肉体の中でハッキリと目覚めることは、人生を味わい深く生きるために必要なことです。**見えない霊的な自分を、見える肉体にちゃんと引き入れ、意識の愛をますます高めて磨き上げていくことが、素晴らしい現実を作って生きることになる**のです。そして、現実のすべてが充分に満ち足りるものとして感じられるようになります。

見えない不思議世界が好きな人や、スピリチュアル系の人は、地に足がついていない傾向になりがちで、逆に、世間的な思い込みに支配され、現実バリバリでしか生きていない人は、天に足がついておらず、真の中心の意識に根付くことを忘れて、思考の自我を中心に生きています。これでは、天と地が連結できず、意識と肉体が連結できず、進化も発展も起こりません。

愛の意識であるあなたが、「この肉体と共に！」と思うことによって、意識の光が肉体へ入りやすくなり、次々と新しい現実を創造する力、現実化する力が肉体へと入ってきます。そして、肉体から物理次元のすべてに愛を込めやすくなります。すると、あなたにとって至福に満ちた健全な人生、バランスのとれた豊かな人生が構築されます。

ですから、この肉体を認め、感謝の気持ちでいてください。**肉体は、あなたの意識が選んだ聖なる住処《すみか》であり、神殿です。**あなたが「肉体と共に」という思いになるたびに、あなたの意識を落ち着かせることができ、いかなる状況が訪れても、ベストなことを見極めるだけの直観が授けられてくるようになります。

さらに、意識と肉体とが平等につながることによって、地上に生かされている喜びを実感できますし、自然界によって全面的に支えられている安心感を得ることができます。

超越の第8センス

人生は「些細な普通の事柄」から成り立っています。些細なことほど、繊細な高次の周波数から出来上がっているのです。

愛の意識存在として覚醒した人ほど、悟った人ほど、そのことをよく知っています。そういう人たちは、決して、自分を特別とは思っていません。些細な物事や、普通の物事を、公平に愛している普通の人なのです。**洗濯をし、掃除をし、仕事をし、食べ、遊び、休む、そういうものすべてに対して、愛と誠意を込め、意識を込めて行うのです。これが第8センスの感性**です。

そして、忘れてはならないことは、あなたは物理的な肉体を通じてしか、すべてのものに愛を込めることができないということです。そのために、あなたの意識とこの肉体とが公平に愛でつながっていることが必要であり、あなたは常に「肉体と共にある」という意識でいることが大前提です。

あなたが肉体を通じて、物事のすべてに意識を込める時、物事からも愛が還ってきます。あなたが人生のすべてに対して、真摯に愛を込める時、そして、すべてからの愛を受け取る時、喜びを感じる能力がますますアップし、創造性もアップします。あなたの生の一瞬一瞬を、あなたの意識の愛によって満たしていく時、あなたが関わるすべてのものが、常に新鮮なものへと変容し、進化発展していくのです。あなたが命を吹き込むからです。

私たちの神聖さ、偉大さというのは、達成したことや、行われた事柄にあるのではなく、行っている時の静寂で満ち足りた意識の中から湧き出す愛の輝きにあるのです。ささやかな物事に、小さな物事に、普通の物事に、意識からの大きな愛を深く込めていくと、愛が輝き、生が輝き、至福と喜びが輝き出すのです。

日々、不平不満を抱え、その波動を物事に吹き込んでいませんか？　自我は、誰の自我も同じように画一的で、オリジナリティもなく、クリエイティブでもありません。

逆に、愛は人それぞれ個性的です。

あらゆる人間的な感情を公平に統合し、そしてそれらを完全に超えた究極の波動、それが愛です。愛ほど繊細で柔軟で強いものはなく、これ以上バラエティに富んでいる波動はないからです。人それぞれに全く異なった愛の個性となっていきます。

個性というと、何か特別な行動や特別な物事とも関係がありそうに思いがちですが、違うのです。個性とは、**あなたの意識がこの世に持ち込む「愛の資質」のことです**。あなたの内面的な態度のことです。それは、日々の普通の人生を、あなた独自のスペシャルな愛の質で染め上げて、オリジナルな人生へ変容させて生きるということに他なりません。

このような愛の態度であるならば、あなたは、内側の深いところで、豊かさによって満たされ、喜びと祝福で満たされることになります。

すべてのことに、すべての人に、献身の心（誠を尽くす意志）を持って行う時、あなたのやることなすことが、全宇宙への貢献となり、虚空への労《ねぎら》いとなります。


オリジナルな個性、独自性、創造性というものは、対象となる物が何であれ、カタチが何であれ、あなたが愛の息吹きを吹き込むことを意味していたわけです。

そうであるならば、**「創造」の本当の意味とは、カタチを成し遂げることを言っているのではなく、カタチに愛を吹き込むことだった**と分かるのです。愛という命を吹き込んでこそ、創造したといえるのではないでしょうか。

物事に不平不満を吹きこみながら生きますか？

小さなことのすべてにも大きな愛を込めて生きていきますか？

発展繁栄の大きな分かれ目です。

マインドの神聖な役割

日本語の「心」という表現には色々な意味があり、時にはハートであったり、時には思念であったり、その時の使い方で微妙な意味の相違を感じます。その点、英語ですとハートはハートで、思念とか精神はマインドと呼ばれています。

昔、知人がよく「心コロコロだから」と言っていましたが、これは人の心は移り気だという意味で、この場合の心はマインドの方になります。マインドはコロコロと本当によく動きます。飽きることなく同じものを繰り返して動くかと思えば、まとまりなくあちこちに散乱します。マインドはとても活発だということです。ただし、マインドは意識ではありません。意識の中に生み出されるものです。

マインドが活発であることは自然なことであり、歓迎すべきことであり、それがマインドの大切な役割です。ただし、マインドと一体化すると、あなたは完全に振り回されてしまいます。決してマインドが悪いのではなく、あなたがマインドに一体化することがまずいのです。

ここで、多くの人が間違えてしまうのですが、マインドを悪者にして否定し、押さえつけるやり方で消滅させようとするのです。でも、マインドには重要な「役割」があるので、思考を抑え込んだり、マインドを抑えてしまっては、「偽の静寂」が起こることになり、あなたの中から生気が消え、気力が湧かず、致命的な結果になります。生きることに対して無気力になり、どんよりし、ウツっぽくなります。

マインドも他のすべてと同様に、エネルギーであり、無限の可能性の宝庫ですから、そこと敵対して抑えようとしたり、やたら乱用したり、振り回されることは愚かな行為です。ですから、私たちは、マインドの神秘を理解するべきなのです。

マインド自身が喜んで納得するような「使われ方」をされない限り、その移り気は完了しません。マインドもまた、大切な何かを求めていることに変わりはなかったのです。

一般的には、マインドは思考や概念言語のシンクタンクのようになっています。まるで物置か倉庫のように使われています。このような使われ方ですと、マインドは何も嬉しくないのです。究極の玉座にいるとは思えないからです。

では、マインドの究極の玉座とはどこにあるのでしょうか。じつは、マインドが探し続けている最終的な住処とは、「意識」の中、「愛」の中だったのです。愛が認識されるところだけが、マインドが唯一静かになる地点だったのです。虚空の愛が認識されるところだけが、マインドの終の棲家だったのです。

それはどういうことかというと、マインドが落ち着き、定住することのできる玉座は、「天の意志（弥栄の意図）を発動することができるところ」だったということです。あなたのマインドがそのような使われ方をするならば、コロコロと移り気になることはなくなります。マインドは、思考や言語の物置場としてではなく、虚空の愛の発動馬になりたかったのです。

マインドは、かつてのようにシンクタンクとして自我につながることもできましたが、虚空につながることもできるのです。そして、マインドの玉座は、虚空に向かって「問いかけ」をする場でもあり、虚空に向かって「愛に即したオーダー」をする場でもあるのです。それは個人的で自己中心的な「おねだり」のことではなく、この世のすべてのことに尽くすために「必要なサポートをください」とオーダーすることを言います。

何もかも一人だけで為そうとするのも自我です。自分の担当ではない領域からの援助をオーダーすることは、他の方にも活躍をしてもらうことになりますから、お互いが共に栄えていくことにつながります。

このように、マインドが愛の使徒のごとく使われる時、マインドは本物の普遍的な喜びを得るのです。決して揺らぐことのない絶対的な平和の喜びに到達するのです。マインドもやっと真の静寂で満たされ、その時初めて、マインドは己の移り気と放浪癖を終えることができます。

向こうから勝手に来る

あなたが流れ星を見ようとする時、必死になって目をこらせばこらすほど、流れ星を見逃します。流れ星を探す時は、夜空をボンヤリと眺めるくらいでちょうどいいのです。ボンヤリするほど視野が広がって、視野が「全体的」になるから、気になる「部分」が勝手に向こうから引っかかってくるのです。何かだけをクッキリ、ハッキリさせないで、中立（全体的）であることです。そうすると、色々なものが勝手にやってくるし、見えてきます。ボンヤリ見る、それは中立なソフトフォーカスで見る感じです。

他にも事例があります。

あなたが「何が何でも、こんな服を買うぞ」と「探し目線」で必死に探す時には、なかなかピンとくる服に出会えないのに、何となく歩いている時ほど、「あ！いいもの見つけた！」という状態になります。ソフトフォーカスな意識でいるから、向こうから引っかかってくるわけです。中立なゼロポイントから意図を発動したなら、必ずその結果はやってきますから、中立（全体的）な意識のポジションを保つことが大事です。高次の情報やあなたに必要なメッセージ、問いかけの答えや意図した結果も、同じ理屈です。必ず向こうから「今ここ」へやってきます。

机上の空論を生きた叡智にするには、やはり実際に肉体を使って経験することが一番です。「考える」ではなく、「感じる」を通してこそ、意識は深まり拡大するのです。そのことを、登山を通じて実感された知人Aさんがおられます。頭で考えずに、ひたすら今ここを「感じる」ことの大事さです。

Aさんが屋久島の宮ノ浦岳に登った時、自分の内側にひたすら向き合って（まさに瞑想状態ですが）淡々と登っていく中、色々な気付きが起こりました。自分が単独で歩いていると「思う」と、苦しさが感じられるのですが、大地に支えられていることを「感じる」と、楽に歩けるのです。

それでも、だんだん疲れが出てくるのですが、ピークが先に見えるたびに、「あ、あれが山頂だ」と思って歩いていくと、実はそれは山頂などではなく、単なる小さなピークでしかなかったのです。

「まだなの!?　何回これを繰り返すの？」という思考が湧き、全身にどっと疲労感が出ます。つまり、今ここ以外の未来に少しでも意識が飛んでしまうと、今この瞬間の自分から生エネルギーが大量に抜けるのです。

「あそこまで頑張ろう」「あれ、ゴールじゃないのか。ガッカリ」というような「思考」のアップダウンで、疲労が倍増する感じになるのです。Aさんは、もう諦めて下山しようかと迷ったのですが、ふと、「とりあえず、先のことは考えず、ただ歩いてみよう」と思い直し、先のピークなど見ずに、足元だけを見ながら淡々と歩いていたら、気付くと山頂に着いていました。下山しようと思ったところまではつらい記憶ですが、その後の記憶はないそうです。

この体験は、実に貴重な宇宙的真実を教えてくれています。未来へ意識を飛ばすことなく、今の目前のことに意識を込めていくことの大切さ。ちゃんと頂上に向かうという「意志」の発動があって、今この瞬間にのみ「意識」があれば、頂上の方が自分に近づいてくるという真実です。

今この瞬間に居る、今ここだけを意識する、そういった「ゼロ意識」の瞑想状態は、あなたの意識の覚醒を保ち、意識を拡大させ、五感を開き、感じる能力を増大させます。そして、未来の方から勝手に「今ここ」という谷底へ訪れてくれるのです。

登山だけでなく人生も同じことで、今この瞬間に意識を保ち、大地や天や自然界に支えられて生かされているのを感じながら、一歩一歩の喜びを味わって進んでいくだけです。特定の期待も予測もなしで構いません。

進化の魔法ポイント

今もほとんどの人が、日々のルーチンワークだけをこなしながら、無意識のままで人生をやり過ごしているために、この創造進化のシステムを全く使えていないようです。

私たちが未知なる自己へと進化するためのシステムは、実にシンプルで、どこまでいっても中立なゼロである意識を使うのです。つまり**ゼロポイントという魔法の一点**を使うのですが、私たち全員がもれなくこの魔法の一点をいただいていますので、それを積極的に意識して使うだけで、勝手に進化させられていきます。そして魔法の一点とは、「愛の意識」の一点のことでもあります。

私たちには、真の中心であるこの意識を使わない自由もありますが、意識を使うことを選ぶならば、あなたの進化は、頭のあずかり知らない次元で自ずと起こりはじめるでしょう。頭の理解を超えたシステムですので、頭や理詰めで知りたがる人には、いい意味で「もう理論は諦めてください」と申すしかありません。意識を使うという実践あるのみです。実践すれば、あとから必ず理屈が分かります。

実は、人と人が「対等に愛で向き合う時」に、人間の進化変容が起こるとご存知でしょうか。優越感や劣等感の意識からではなく、どこまでも公平かつニュートラルな意識で向き合う時です。

たとえば、AさんとBさんが対等に受容しあって向き合う時、お互いのゼロポイントとゼロポイントが重なり合って、自動的に「受け容れ」が起こり、**愛の循環**が起こります。頭のあずかり知らない次元で、Aという情報はBさんに入っていき、Bという情報はAさんに入っていきます。すると、お2人の間で単なる情報の分かち合いが起こったというよりも、さらにもっとスゴイことが魔法のように起こっていくのです。ただし、頭には全く分かりません。

AとBの情報が融合すると、AプラスBを超えた、全く新たな進化情報へと変化してしまうのです。1＋1が2ではなく、3にも4にもなる、ということです。

ということは、私たちは、**いっさいの解釈ぬきで他の人を丸ごと素直に受容することなくして、絶対に今以上の自分には進化できない**のです。そして、あなたが受容すれば、必ず相手もそうなり、愛の循環が起こり、進化という魔法が起きます。

あなたが誰かに向き合う時、逃げ腰で相手を受容するのではなく、イヤイヤ受容するのでもなく、ましてや分析しながら受容するのではなく、いっさいの「感想」さえも抜きにして、まずは丸ごとスコーンと受容するようになさってください。あなたの内的空間の中へ、相手の表面だけでなく内なる身体空間の奥行（3D）も含めて丸ごと合体させる感覚です。このエネルギーの交歓によって、あなたの中に進化の個が産み出されます。私たちは他者との愛の融合なくしては、今以上には進化できません。

優越感や劣等感の意識からではなく、どこまでも公平かつ中立な意識で向き合うことが大事なのです。対等な意識でないなら、相手との融合ができないのです。人を受け容れることが普通にできれば、動植物や、コピー機や、仕事や家事に対しても、もっと抵抗なくスコーンと受け容れていくことができます。あなたに起こってくるあらゆる出来事や、色々なニュースに対しても、スコーンと受容できるのです。

「意識の成長」のはじまり

スピリチュアルの醍醐味は、すべてに向き合い、受け容れ、それを生きることにあります。あらゆる苦痛から逃げずに、素直に向き合い、愛し、祝うことができたら、その時、あなたはご自分の「意識」をちゃんと創り出して、覚醒させています。苦痛を否定し、苦痛から逃げれば、あなたの意識はなくなってしまい（眠ってしまい）、いわゆる「無意識」になります。

苦しみをニュートラルに（素直に）受け容れる時、人はイヤでも「意識的」にならざるを得ません。そして色々な気付きが起こるのです。もし、逃げたり、抑圧すれば、気付きをなくすことになります。そもそも苦しい感情は「あなたそのもの」ではないからです。

それでも逃げたい場合、どうにかして「無意識」になる必要が出てきます。そのためのお手軽な方法はアルコールですが、アルコールだけが無意識になる方法ではなく、意外にも音楽もそうなのです。音楽に没頭し、音楽をアルコールの代わりにして酔いしれることで、意識を眠らせることができます。

以前、ある歌手のコンサートに行った時、のっけからの異様な盛り上がりに「不自然さ」を感じたことがあります。参加者が決して楽しんでいるわけじゃない、どう見ても、「憂さ晴らし」なのですが、それが私には分かってしまったのです。たまたま、隣に座っていた人も同じ感覚だったらしく、私たち二人だけが「この空気、変ですね」というジェスチャーをし合ったほどです。私は、途中で帰ってしまいました。

音楽を聴きに行き、音楽をアルコール代わりにして没頭すると、その時だけは他の事を忘れていられる。苦しみがあっても、そこに対する気付きを減らすものはすべて、単に「偽の癒やし」です。ゴマカシです。

苦しみに直面させてくれるような物事から逃げずに、「意識に満ちた状態」で生きることを「苦薩行」と言いますが、その菩薩行によって、逆に苦痛は完全に消え去り、あなたはさらなる意識の高みへと進化します。意識に満ちた状態、気付きの状態、それはあなたが宇宙につながることを助けます。そして、その宇宙は、あなたの意識の成長をますます助けます。

忘れてはならないことは、意識は愛の光ですから、意識それ自体（あなた自体）は苦痛ではないということです。苦痛ではない意識だからこそ、苦痛に向き合えるのです。

苦痛の消去には、二通りの道があります。

ひとつは、あなたが「無意識」になること。無意識になって、気付かないでいれば、あなたにとっての苦しみは、表層からは消えます。でも、完全に（客観的に）消えたわけではなく、苦痛がそこにあっても、あなたの「意識」がなくなってしまったために、何も感じられなくなっただけ。苦痛を意識できなくなっただけです。

じつは、このほうが、苦行よりもよほど恐ろしいことです。肉体が生きていても、あなたの「意識」がなくなったら、生きているとは言えません。そして、金輪際、何も解決できません。

もうひとつは、私たちがもっと意識的になること。もっと気付きの状態になり、苦痛にも敏感になるとき、やっと「意識の成長」が始まります。**進化成長の一部として、苦しみをも受け容れると、ある日、苦痛は完全に消去されてしまいます。**それ以降は、二度と起きません。向き合うこと、受け容れること、それは「あなたの意識」の進化のためであり、宇宙的な意識である虚空にまで到達するためです。

目からの言葉、耳からの言葉

まわりを見渡してみてください。コミュニケーションのほとんどは今や文字言葉になっています。連絡のほとんどがメールやＬＩＮＥなどの文字言葉ばかりになっていて、インスタ映えを気にして写真を撮りまくったり、「目」からの情報が私たちの周りにあふれかえっています。心がこもっていない情報がほとんどなのに、多くの人がメールなどの文字言葉に振り回されて怒ったり傷つけられたりしているのです。

あなた自身は、あなたの心の奥底までを文字に表現できているのでしょうか？　そして奥底から気持ちを込めることは、偽の中心（自我）から生きている人には絶対不可能なのです。真の中心につながっていない者同士、心を込められない者同士が、表面的な言葉のやり取りに縛られ、苦しんでいるのが現代人なのではないでしょうか？

いつから私たちは目を中心に生き始めてしまったのでしょうか。大切なものは目だけでつかまえられますか？　『星の王子さま』でも、大切なことは目に見えない、と言っていますよね。耳はどこに行ってしまったのでしょうか。波動を感じることも含め、耳で聴くことと、目で見ることは全く違います。

ご存知のように、世界中で、伝統芸能や工芸、宗教も、文字で書き記すのではなく、口伝で伝わってきたものはたくさんあります。本物は、必ず真の中心から生み出され、その真髄はいつもささやかで、微細で、人の目には見えにくいものですから、それを文字に書き記すことで、そのものが本来持っていたエネルギーが変質してしまうからではないでしょうか。

あなたが気付いていようがいまいが、全体愛、全一愛、それが私たちの真髄であり、真の中心です。そして、この真の中心に気付いてつながること、この中心に立脚すること、虚空の愛という根っこにつながること、要するに「中心に立つ」ことを「中立」と言うのです。これが「自立」なのです。

ああたが真の中心につながった上で、口に出して発する言葉、外側へ表す言葉には、心の奥底からの全体愛が必ずチャージされてしまいます。そして「耳」はそれを聴くことができます。真の中心の奥行き、率直な深さを聴くことができます。耳は受容的なのです。

ところが「目」は、どうしても自分が勝手に信じ込んだ「意味付け・分析・解釈」というフィルター（色眼鏡）を通して表面的に文字や言葉を見てしまうのです。奥行きのない表面的で狭い受け取り方しかできません。

セミナーに参加されたある方が私に言ってくださったのですが、ブログや本からでは伝わらないものが、直接お会いしてナマの声でお話を聞くと、ちゃんと心の奥底まで響き、目で読むだけでは分からなかったことも腑に落ちるのです、と。そして、その際に録音した声をあとから再生して聞いても、ナマの声にはかなわない、と。

意宣《いの》り――部分と全体はひとつ

ちょっと想像してみてください。

「あなたの優柔不断なところが嫌い」「あなたの鼻が嫌い」「この仕事のやりかたがダメだ」とか、あなたのどこか一部を否定されたとしたら、どんな気分でしょうか？

あなたの一部を否定されただけでも、全身全霊で落ち込んでしまったりしないでしょうか？

鼻だけが部分的にがっかりするなどという結果にはならず、身体全体がダメージを受けます。

そして、逆にあなたが誰かを部分否定した場合でも、あなたの全身がダメージを受けます。

否定的なエネルギーが相手に向かう前に、あなたの全身が受け取るからです。

「部分的」に否定しているつもりでも、それは「全体」を否定していることだと私たちは気付く必要があります。部分否定は、全体否定になりますから、お金を部分的に否定する人は、お金のすべてを否定する状況を創ります。お金の「貯金の部分」はＯＫでも、「借金の部分」を否定するなら、お金の動き（いのち）全体が否定されるのです。病気の「患部」を否定する人は、それは全身を否定しているのと同じですから、全身のパワーが落ちていくのです。

そして、そんな風にアレコレと否定するパターンや習慣は、あなたが偽の中心（自我）につながって一体化しているからだということに気付いていただきたいのです。それは真の中心のあなたではないからです。純粋な愛の意識ではありません。どうぞ、今一度、全体愛という真の中心につながって、本来の意識へチェンジしてください。

本来の純粋な意識、虚空の意識は、無条件の全体愛ですから、「部分的」な「えこひいき」がないのです。つまり、すべての存在に対して、無条件に「栄えあれ！」と意図しています。そのように意宣《いの》っています。

私たちにとっても、その限りない愛、分けへだてしない愛の状態だけが、私たちの意識を変容させる錬金術となるのです。

あなたの身体内で、感情的な自我が発症した時こそ、愛の意宣りのチャンスです。その**感情**

的な自我に対して、純粋な意識となって「栄えあれ！」と意宣ってください。

怒りや妬み、憎しみなどの感情が湧き上がってきた時も、そうならざるを得なかった自我に対して、慈しむ心、祝う心、祀る心をもって意宣ってください。あなたの真心が自我に通じた瞬間、苦痛でいっぱいだった自我は、本来の愛と喜びの光へと変容（成仏）していきます。

「栄えあれ」「弥栄であれ」という純粋な意宣りは、宇宙の錬金術の真髄なのです。

すべての創造と進化の源は「愛」

虚空という愛の意識は、無からすべてを創り続けていきます。創造の原点「今」と、物理次元の「ここ」をつなぎ、瞬間瞬間変化しながら、創造と進化を続けています。あらゆるすべてが虚空の愛を受容することで生きていられるのです。

私たちは愛を巡らせることを忘れてしまいました。愛を単なる甘い感情と勘違いし、「愛なんてなくても生きられる」と思い込んでしまったのです。「愛とはなにか」を言葉を駆使し、思考することで愛を理解しようとしたかもしれません。それでも、答えはどこにも見つからなかったのです。愛は目に見えないからです。手に触れることもできないからです。どんなに言葉を尽くして説明しようとしてもできません。それでも、愛は宇宙全体を貫く、決して失ってはいけない必需品でした。

愛は創造と進化の源です。万物を創っている精髄です。あらゆるすべてのものの間に、愛の交歓が起こる時、それは奇跡のエクスタシーとしてさらなる愛を放出し始めるのです。

なのに人間は忘れてしまいました、虚空の愛を。

野に咲く花は、自分の姿にコンプレックスを抱いているでしょうか。他の花と比べて、優劣を感じているでしょうか。別の花になりたいと思っているでしょうか。昨日に後悔しているでしょうか。

いいえ、花は昨日に執着などしていません。明日を憂うこともしません。降り注ぐ雨も太陽の日差しも、嵐も受け容れます。いつでも、太陽や風とともにあります。お互いに愛を受け容れあい、交歓しあっています。枯れてもなお、「ただ在る」ことだけをしています。

「今」「ここ」にあることを受け容れ、木々や風、太陽や大地と愛を交歓しながら、瞬間瞬間を生きています。この瞬間の連続のなかに、永遠へとつながるエクスタシーがあるということをまるで知っているかのように。

現代人の多くが究極のエクスタシーからは大きく外れて、不自然な思考と感情で生きています。

枯れた花は、美しくないと誰が決めたのでしょうか？　人間がどう思おうと、花は枯れながらもその力の限り、愛と美しさを放出しています。自然が美しいのは、宇宙つまりは虚空の創造原理にのっとって、全体ひとつの意識として、いのちのエクスタシーを享受しているからです。

愛を忘れてしまった現代人も、この愛の交歓によるエクスタシーに究極の目的を置く必要があるのです。

人は、人生の目的や意味を探し求めますが、生そのものには、特定の決まった意味はありません。でも、些細な普通のことにも愛を込めて生きていると、人生のすべてが意味を持つようになるのです。愛で生きることによってのみ、人生の意味は創り出されるものだからです。ですから、どうぞ、今日からすぐにでも「愛をこめて生きる」ということを意識してください。それが大切な一歩になります。

大丈夫です、もともと虚空とひとつだった私たちは、その内なる中心に愛の意識を持っています。この内なる中心は、四方八方からの愛のすべてを受け容れる場所ですから、あらゆるものがここに流れ込んできます。新しい生命力も創造性も情報も、愛によってここへ流れ込み、そして、またここから溢れ出します。ここは、永遠の命を持つゼロポイントという一点なのです。

永遠不滅の「真」。私たち全員が導かれています

私たちはこれまで、誰かによる価値判断や、つまらない世間的な理想、時間という幻と悪戦苦闘するという競争社会に浸りながら、自分たちの社会が持つ「息が詰まるような意識」の中にしかいたことがないのです。それも仕方なかったのかもしれません。この科学の発展した現代社会では、街や都会の中で真の生命の歓喜を見つけることはほとんど不可能だからです。そこには確かに生命をもった人間たちであふれかえっている世界ではありますが、愛の交歓がない世界でもあるからです。

あなたが愛の意識で生き始めると、つまり虚空とつながる時、あなたに起こることは、時空を超えた至福です。あなた自身が「空」になる瞬間です。これは、古来多くの聖人や賢者たちが「万物一体感」と言って求めた、最高の境地なのです。

その境地の静寂なリズムの中で、私たち全員が、誰ひとりとして例外なく、そして、何ひとつとして過不足のない状態で、「あるべきように」導かれていくのです。

今起きている何かも、あなたを苦しめているように見えるあの人も、すべて虚空の意図です。ですからどうぞ、受け容れてみてください。そして、虚空からの声（それは沈黙でもありますが）に耳を澄ませてみてください。あなたが謙虚に耳を澄ますなら、その沈黙は必ずあなたに語りかけてきますから、必ず受信できます。あなたさえ、自分を明け渡す覚悟ができたら、いつでもそれは始まります。

常に虚空はあなたを受け容れ、あなたと愛の交歓をしようとしているのです。絶え間なく続く虚空の意識と同調する時、私たちは本当の意味で生きることになり、永遠の生を手に入れるのです。

残念ながら現在のところ、私たちの大部分は、虚空を活用することができずにいます。それは、私たちが自分のすべてを虚空に同調させていないからなのです。自然界とも同調していないからなのです。

自然界の意識は、私たちを受け容れています。そして、自然界と同様な意識になることを求めてきます。自然界と同様に、明日を憂えず、昨日に執着せず、今ここで「時のない存在」になることを求めてくるのです。それはまさに悠久の存在（永遠の存在）になるということです。自分の人生のすべての「今」を、ゆるぎない強さと勇気をもって生きるようになれるのです。

あなたがどれほどの価値ある意識存在なのか、そして、どれほど虚空や自然界から愛され、必要とされているのかを分かってください。虚空と自然界は、常にあなたと共に在ることを忘れないでください。

人生のすべての中に、虚空の愛を観てください。その愛とは何かを心底から体験して知ってください。その瞬間は、この世の何よりも、はるかに、はるかに、偉大な瞬間なのです。

永遠不滅の普遍的な「真」とは、あなたが愛という名の広大な意識であるということです。

エピローグ　「ゼロ意識」がもたらす5つのギフト

世の中に、幸せな人と不幸な人がいるのではありません。愛のゼロ意識が眠った自我のままでいる人と、個人を超えた愛のゼロ意識が覚醒した人がいるだけです。

あなたが個人的な思考や感情ばかりをいじくりまわしている時、自我の団子はより硬くなるばかりで、解放されないし、浄化（成仏）も起きません。

あなたが自我の団子から離脱して、誰でもないゼロ意識（愛のスペース空間）になりきっていくことで、個人的な思考や感情は、そのスペースに受容されて、自動的に浄化されます。

尺八や禅の世界に「一音成仏」という言葉があります。一音、それは全一愛の波動のことで、それだけあれば、すべては成仏するのです。

空（愛のゼロ意識）は、一瞬一瞬を創る起点であり、起源です。空は毎瞬における「ビギニング」そのものです。したがって、いつも新たな開始だけがあり、古い「私」は残っていません。一音成仏ですから、決まった個人などおらず、無私、無我なのです。

そんな空（ゼロ意識）と常に同調していく時、私たちにはフリーな新しいスタートだけしかありません。

あなたが個人的な自我の意識を超えて、完全に無私になって、愛のゼロ意識になりきること、それが「真の自分」の境地であり、自他ともに幸せになるための入り口です。

ただし、それだけでは「空の扉」の前に立っただけです。「空の扉」を完全に開いて、もっと奥へ深く入って、さらなる喜びを体験していくには、あなたが全体に奉仕する意志を明確に意宣《いの》り、素直に「実践して生きる」ことしかありません。

時々こんなことを質問されることがあります、「今までも、全体のために充分に奉仕して生きてきました。それなのにどうして苦しいのでしょう」と。

それはやはり「自分が」貢献していると思っていたからです。個人としての意識で自分がどんなに全体へ奉仕をしても、疲弊するばかり。個人を超えたエネルギーに同調しないと、大したパワーにはなりません。

純粋な**自我ゼロの愛**で全体貢献を実践する、これが「空の扉」を開き、大宇宙の繁栄の波に乗るための「聖なる鍵」です。

オーストリアの精神科医、心理学者のヴィクトール・フランクルがナチスの強制収容所で実際に経験した事実ですが、過酷な労働をさせられながらも最後まで生き抜くことができた人たちには、三つの要素のいずれかがあったそうです。その第三位は、肉体が頑丈だった人。第二位は、ユーモアのあった人。第一位は、「愛のいのり」とその実践をした人。もちろん、ヴィクトールは愛の実践の人でした。

全体貢献の愛の意志を発動していくと、どなた様に限らず、5つのギフトが必ず降ってきます。

- オリジナルな直観やアイデア、高次の存在に、タイミングに応じてつながるようになる。
- 内面のことであれ、現象面であれ、今ここに必要不可欠なことを、必ず受け取るようになる。
- 古い過去の輪廻との接続が切れる。感情の重みから解放される。
- 物理的な距離に関係なく、全体や全員との「純粋な親密さ」が起こってくる。人との関係の質が格段に向上する。
- 内面の愛が深まり、生きていることが心底から嬉しくなる。

ただただ、世間的な事柄に流されるがまま、個人的な自我の出来事に感情反応するだけの繰り返しで生きていると、一体何を体験しているのか、深い気付きもなく、至福だと感じる喜びも分からなくなっていきます。

全体の繁栄、全員の霊的成長を日々意宣り、そのための奉仕を実践するという「聖なる鍵」を使うならば、「空の扉」の奥にある無限の発展と繁栄にアクセスできるのです。

参考文献

『存在とひとつに』（市民出版社）
講和：和尚　　翻訳：スワミ・アドヴァイト・パルヴァ（田中ぱるば）

『愛の道』（市民出版社）
著者：OSHO　訳者：スワミ・プレム・グンジャ

『禅宣言』（市民出版社）
講和：OSHO　　翻訳：スワミ・アドヴァイト・パルヴァ（田中ぱるば）

『黄金の華の秘密』（株式会社めるくまーる）
著者：OSHO　　訳者：スワミ・アナンド・モンジュ

『神との対話（２）』（サンマーク文庫）
著者：ニール・ドナルド・ウォルシュ　　訳者：吉田利子

『ラムサ・ホワイトブック』（星雲社）
著者：ラムサ　　訳者：松野健一　後藤雄三

『タオ・コード』（徳間書店）
著者：千賀一生

『ニュー・アース』（サンマーク出版）
著者：エックハルト・トール　　訳者：吉田利子

著者紹介

Mana

透視チャネラー。「空」「ゼロポイント」のメッセンジャー。福井県出身。大学では英文学と心理学を専攻。

生まれつきのエンパス（共感覚）能力と数々の不思議な体験を通して人々が真に幸せで覚醒した人生を送れるようにと幅広いサポート活動を続けている。

現在「Star Heart」（スターハート）主宰。

『空・舞い降りた神秘の暗号』『空・天翔ける歓喜の弥栄』『空・豊穣の狩人』『深・古事記／神ながらの道』等で、多くの読者の心をつかんだ著者が、今回は「自我からの解放」をテーマに、空の理論を展開します。

悩みや苦しみのほんとうの元凶について、あなたは考えさせられることでしょう。

Star Heart
TEL:052-761-4344
URL:http://www.starheart.jp
MAIL:info@starheart.jp

空《くう》の扉《とびら》を開《ひら》く　聖《せい》なる鍵《かぎ》

2018年1月5日　第1刷

著　　者　Mana《マナ》

発 行 者　小 澤 源 太 郎

責 任 編 集　株式会社 プライム涌光

電話　編集部　03(3203)2850

発行所　株式会社 青春出版社

東京都新宿区若松町12番1号〒162-0056
振替番号　00190-7-98602
電話　営業部　03(3207)1916

印　刷　大日本印刷　　製　本　大口製本

万一、落丁、乱丁がありました節は、お取りかえします。

ISBN978-4-413-11238-3 C0095